LA VIEILLE ROME

Ruines d'un Amphithéâtre romain

LA
VIEILLE ROME

RÉCITS HISTORIQUES

PAR

GASTON VIALAT

PARIS

J. LEFORT, IMPRIMEUR, ÉDITEUR

A. TAFFIN-LEFORT, Successeur

LILLE

Tous droits réservés.

INTRODUCTION

—

Ces récits font revivre quelques épisodes de la glorieuse
histoire de Rome. Nul peuple n'a occupé dans le monde une
place plus importante que le peuple romain. Pendant de
longs siècles, il a dominé l'antiquité, en a été le centre de
vie, le foyer de civilisation, et plus tard, c'est à son école que
se sont formées les grandes nations modernes.

Au début de cet ouvrage, et pour mettre entre les faits
isolés qu'il raconte une sorte de lien, je voudrais analyser
dans ses lignes principales l'histoire de ce peuple fameux.

***

Rome, fondée 750 ans avant Jésus-Christ par l'inoubliable
Romulus, occupait une situation exceptionnelle. « C'est entre
les vastes plaines du Latium et de l'Étrurie, écrit M. Duruy,
au-dessous des montagnes de la Sabine que s'élevait la ville
éternelle, à cinq lieues de la mer, aux bords du Tibre, le
plus grand des fleuves de l'Italie péninsulaire, et sur sept
collines de facile défense. Au nord et au sud, de riches
contrées invitaient au pillage ; à l'est, d'intrépides mon-
tagnards devaient recruter l'armée ou la rendre invincible en
l'exerçant par des attaques peu dangereuses. Placée sur la

limite de trois civilisations et de trois langues, entre les Rhasénas de l'Étrurie, les Ausones du Latium, les Sabelliens de la Sabine et du pays des Éques, Rome se trouva, autant par sa situation que par la volonté de son fondateur, le grand asile des populations italiennes. Elle fut la ville de guerre, car tout autour d'elle étaient des étrangers, des ennemis ; la cité riche en hommes, et aux mœurs sévères, à la vie frugale et laborieuse, car son aride territoire ne donnait rien que par un rude travail qui, pendant 600 ans, éloigna la mollesse. Assez près de la mer pour la connaître et ne la point redouter, assez loin pour n'avoir rien à craindre des pirates grecs, volsques ou étrusques, elle n'était ni Sparte, ni Athènes, ni exclusivement maritime, ni exclusivement continentale. Voisins à la fois des montagnes, des plaines et de la côte, les Romains ne devaient ressembler ni aux pâtres, ni aux laboureurs, ni aux marins, mais avoir en eux ces trois caractères des populations italiennes et en réunir tous les avantages (1). » Aussi la future capitale du vieux monde devint-elle promptement vaste et puissante. Simple bourgade sous Romulus, elle était deux siècles plus tard, à la chute de son cinquième roi, Tarquin le Superbe, une belle ville, dont 150,000 soldats défendaient les remparts.

*

Avec la république, commença pour Rome l'âge héroïque. Les plus puissantes nations de l'Italie, les Étrusques, les Éques, les Volsques, vinrent successivement l'attaquer. Elle les battit, souvent avec peine, toujours glorieusement, et occupa leurs territoires. Un danger plus redoutable la menaça encore : les Gaulois, déferlant comme un torrent des régions montagneuses de l'Italie septentrionale, franchirent ses murs. Par un prodige de valeur, la noble cité chassa ses vainqueurs d'un instant et redevint plus florissante que

(1) Victor DURUY. — Préface de l'*Histoire romaine*.

jamais. Elle promena alors ses armées triomphantes à travers la péninsule et la soumit presque entièrement.

Cette facilité de Rome à vaincre et à conquérir n'a rien qui surprenne, si l'on en examine les mœurs, les habitudes et la solide organisation. « De tous les peuples du monde, dit Bossuet, le plus fier et le plus hardi, mais tout ensemble le plus réglé dans ses conseils, le plus constant dans ses maximes, le plus avisé, le plus laborieux, et enfin le plus patient a été le peuple romain. De tout cela s'est formée la meilleure milice et la politique la plus prévoyante, la plus ferme et la plus suivie qui fut jamais (1). »

Les premiers Romains, élevés à une dure école, étaient, nous l'avons vu, courageux, travailleurs et austères. Ils avaient transmis ces qualités à leur race. A la tête de la nation, brillent des hommes dont on ne saurait trop admirer le grand caractère : investis de la confiance populaire, ils dirigent avec zèle et intelligence les affaires publiques, combattent vaillamment sur les champs de bataille, puis, leurs pouvoirs expirés, retournent à leurs occupations habituelles aussi simples et aussi pauvres qu'avant d'avoir exercé les grandes charges de l'État. Tel nous apparaît Cincinnatus, abandonnant sa charrue pour conduire les armées romaines à la victoire et reprenant ensuite ses humbles travaux. Tels se montrent encore Curius Dentatus qui, vainqueur des Samnites, des Sabins, des Lucaniens, et ayant obtenu deux fois les honneurs du triomphe, cultive lui-même un champ de quatre arpents; Fabricius, dont le modeste logis ne renferme, après plusieurs consulats, que des meubles grossiers et de la vaisselle de terre; et tant d'autres, modèles, comme ceux-là, de vertu et de probité.

Que dire également de la glorieuse aristocratie romaine? Groupée dans ce Sénat auguste et splendide que les contemporains éblouis appellent une assemblée de rois, une réunion de dieux, elle gouverne avec sagesse, soucieuse avant tout

____

(1). Bossuet. — *Discours sur l'Histoire universelle*, 3ᵉ partie, Chapitre VI.

des intérêts de la nation et respectueuse des droits de tous. Conduit fermement, mais sans tyrannie par ce corps d'élite, le peuple apprend à aimer sa patrie et la sert fidèlement. De là une entente, une union merveilleuse, qui, sans écarter de la ville éternelle les dissensions intestines dont aucun pays n'est exempt, réconcilie aux époques périlleuses tous les fils de la cité.

Ne terminons pas ce tableau sans jeter les yeux sur la redoutable armée du peuple roi. Le spectacle en vaut la peine.

Pour employer encore une expression de Bossuet, « on trouve dans cette armée, avec des courages fermes et des corps vigoureux, une prompte et exacte obéissance, » c'est-à-dire toutes les qualités qui font les légions invincibles.

« Les lois de la milice romaine, continue l'Aigle de Meaux, étaient dures, mais nécessaires. La victoire était périlleuse, et souvent mortelle à ceux qui la gagnaient contre les ordres. Il y allait de la vie, non seulement à fuir, à quitter les armes, à abandonner son rang, mais encore à se remuer, pour ainsi dire, et à branler tant soit peu sans le commandement du général. Qui mettait les armes bas devant l'ennemi, qui aimait mieux se laisser prendre que de mourir glorieusement pour sa patrie, était jugé indigne de toute assistance. Pour l'ordinaire, on ne comptait plus les prisonniers parmi les citoyens, et on les laissait aux ennemis comme des membres retranchés de la république.... Mais, dans la nécessité des affaires, on établit plus que jamais, comme une loi inviolable, qu'un soldat romain devait ou vaincre ou mourir. Par cette maxime, les armées romaines, quoique défaites et rompues, combattaient et se ralliaient jusqu'à la dernière extrémité; et, comme remarque Salluste, il se trouve parmi les Romains plus de gens punis pour avoir combattu sans en avoir ordre, que pour avoir lâché le pied et quitté leur poste : de sorte que le courage avait plus besoin d'être réprimé que la lâcheté n'avait besoin d'être excitée (1). »

(1) Bossuet. — *Discours sur l'Histoire universelle*, 3e partie, Chapitre VI.

Si l'on joint à cela que, seuls à leur époque, les fils de Romulus connaissaient la science exacte de la division des armées et de la tactique militaire, on comprendra ce dont ils étaient capables les armes à la main.

* *

Victorieuse des nations de l'Italie et des hordes gauloises, Rome entama sa lutte mémorable contre la puissante Carthage. Le fameux Annibal écrasa ses légions au Tessin, à la Trébie, au lac Trasimène, à Cannes, mais elle retrouva le succès à Zama, et dompta pour toujours sa terrible ennemie. La Gaule Cisalpine, l'Illyrie, la Macédoine, la Grèce, la Lusitanie, tombèrent en même temps sous ses coups.

La grande cité est alors à l'apogée de sa gloire, sinon par l'étendue de ses conquêtes, du moins par la forte vitalité de son peuple. Désormais, elle pourra accroître son territoire, devenir la maîtresse de l'univers, de profonds éléments de désorganisation auront pénétré dans son sein. L'antique frugalité disparaît pour faire place à l'amour du luxe et des richesses ; au désintéressement, aux charges occupées sans ambition, avec honnêteté et dévouement, succèdent les brigues éhontées, les dictatures tyranniques, les rivalités et les querelles. Du sol qui a vu naître tant d'hommes remarquables, surgissent encore deux grands citoyens : Tibérius et Caïus Gracchus. Ces héritiers des antiques vertus essaient de rétablir les coutumes d'autrefois ; ils sont persécutés par les patriciens et finissent misérablement.

Leurs efforts n'auront eu pour résultat que d'ouvrir l'ère des troubles. Le parti aristocratique et le parti populaire en viennent aux mains. De nouvelles guerres, suivies d'importantes conquêtes en Afrique, en Gaule et en Asie Mineure, interrompent un instant la lutte ; elle reprend avec plus de violence sous la conduite des généraux vainqueurs : Marius, qui se fait le champion de la cause démagogique, et Sylla, chef des patriciens. Ces derniers l'emportent quelque temps ;

mais les plébéiens se groupent de nouveau autour de César, le héros des campagnes de Gaule. L'aristocratie met à sa tête le non moins célèbre Pompée ; elle est battue, quand César périt, assassiné par ses propres partisans.

***

Le peuple romain, divisé, las, énervé, est mûr pour la servitude. Déjà César a rêvé le diadème ; son fils adoptif, Octave, plus habile, et surtout plus heureux, établit l'empire.

A ce moment, Rome semble entrer dans une nouvelle période de prospérité. Sa domination s'étend des bords du Rhin et du Danube aux déserts de l'Afrique et de l'Atlantique à l'Euphrate. Grâce au génie administratif d'Octave, devenu le glorieux Auguste, un ordre admirable règne dans cette immense étendue de territoire, et le nom romain est partout respecté.

Deux siècles, l'empire naissant vit de cette existence calme et magnifique. Il supporte sans en être ébranlé les règnes immondes des Caligula, des Néron, des Domitien, et brille d'un plus vif éclat quand un Vespasien, un Trajan, un Antonin, un Marc-Aurèle préside à ses destinées.

Cependant les vices qui le rongent se sont multipliés. Non seulement les Romains ont perdu à jamais les qualités civiques et guerrières qui les rendaient si forts, mais de l'Orient vaincu, leur sont venus des goûts de faste, des habitudes d'oisiveté et de débauche, qui les amollissent et les dépravent. On frémit aux tableaux que les historiens et les satiriques contemporains nous ont laissés des mœurs de Rome et des grandes cités impériales. Le plaisir y est la seule préoccupation, la seule règle de vie. Dans leurs somptueuses demeures, les privilégiés de la fortune passent leur temps en festins, en divertissements de toutes sortes, que terminent le plus souvent de scandaleuses orgies. Le peuple contemple curieusement ces saturnales et croit noble de les imiter. Aux jours de fête, la ville entière prend place dans les amphithéâtres, où hommes et bêtes se livrent de sanglants combats ; le soir venu, cette même foule se rue aux spectacles avilissants donnés par les danseurs et les mimes.

Qu'attendre d'une nation qui s'accoutume à vivre ainsi dans la paresse et l'ignominie ? La puissance romaine se maintient encore, parce que, suivant l'expression de Tacite, il est difficile d'ébranler le colossal édifice qu'ont élevé huit cents ans d'ordre et de fortune, mais le temps est proche où elle ira s'amoindrissant. Les peuples voisins commencent à s'apercevoir de la faiblesse de ces Romains qu'ils n'osaient plus attaquer. A l'est, les Parthes, au nord, les farouches Germains envahissent les provinces frontières. Ils sont d'abord repoussés, mais leur audace croît chaque jour, et bientôt ils arrivent à prendre pied sur le sol jadis inviolable du grand empire.

A ce moment, l'anarchie règne à Rome. Le sceptre tombe aux mains de princes incapables, que font et défont les légions séditieuses. Les ennemis marchent de succès en succès. En vain, le génie des Claude, des Probus, des Constantin, les arrête quelques années ; l'empire, que les derniers souverains ont divisé, pour le mieux défendre, en empire d'Orient et en empire d'Occident, est assailli de toutes parts. Les Vandales s'emparent de l'Afrique, les Visigoths de l'Espagne, les Francs de la Gaule, enfin, l'Italie elle-même est prise par les Hérules et les Ostrogoths.

* * *

La Rome antique, la Rome des sublimes épopées a vécu. Son œuvre, d'ailleurs, est accomplie. Le monde païen qu'elle avait organisé, s'écroule pour faire place au monde nouveau, au monde régénéré par le sang du Christ.

LA
VIEILLE ROME

I

La fondation de Rome.

*D'après une légende, qui, selon toute apparence, renferme une grande
part de vérité, le prince troyen Enée, fuyant sa patrie conquise par
les Grecs, aborda sur la terre italienne et fonda, dans le Latium, la cité
de Lavinium (XIIIe ou XIIe siècle av. J.-C.). Après la mort d'Enée, son
fils Ascagne quitta Lavinium pour bâtir dans la même région Albe-la-
Longue. Les descendants d'Enée et d'Ascagne régnèrent pendant plusieurs siècles sur cette dernière ville. La fille de l'un d'eux donna le
jour à Romulus, qui, l'an 753 av. J.-C., fonda Rome.*

Le roi d'Albe, Procas, avait deux fils, Numitor et
Amulius. A sa mort, l'aîné, Numitor, hérita du
royaume. Amulius, jaloux, entra en lutte avec son frère
et parvint à le supplanter ; puis, pour s'enlever tout
rival dans l'avenir, il fit tuer les fils du roi détrôné et
condamna sa fille, Rhea Silvia, à une virginité perpé-
tuelle, en la plaçant au nombre des vestales.

Malgré les vœux qui la liaient, Rhea Silvia mit au monde deux jumeaux, dont elle attribua la paternité au dieu Mars, afin sans doute de rendre sa faute moins odieuse. Amulius, insensible à cet artifice, ordonna d'emprisonner la prêtresse parjure et de noyer ses enfants dans le Tibre.

Les nouveau-nés, couchés dans leur berceau, furent abandonnés sur les eaux. Par un hasard providentiel, le fleuve était alors débordé ; le berceau flotta quelque temps, puis l'inondation, se retirant brusquement, le laissa à sec. Aux vagissements poussés par les pauvres petits, une louve, descendue des montagnes voisines pour se désaltérer, courut à eux, et guidée par son instinct, les nourrit de son lait.

Le chef des bergers du roi, Faustulus, que la surveillance de ses troupeaux amenait dans ces parages, découvrit les deux enfants reposant aux côtés de la louve et doucement léchés par elle. Pris de pitié, il les emporta dans sa cabane et les éleva avec l'aide de sa femme Larentia.

Au dire de certains, Larentia était une personne de mauvaise vie que les bergers appelaient entre eux *la Louve*. Ce fait donna naissance à la légende représentant les fils de Silvia comme ayant sucé le lait d'une bête féroce, mais en réalité ils n'eurent d'autre nourrice que la femme de Faustulus.

Les deux enfants, qu'on avait appelés Romulus et Rémus, grandirent au milieu des pâtres. Leur temps se partageait entre la garde des bestiaux et la chasse dans les forêts. Ils devinrent ainsi robustes et intrépides. En avançant en âge, ils prirent l'habitude de livrer bataille aux brigands qui traversaient la contrée et de s'emparer de leur butin pour le distribuer aux bergers. Bientôt leurs exploits attirèrent autour d'eux une foule de jeunes gens, et ils se trouvèrent à la tête d'un parti considérable.

Un jour que les deux frères et leurs compagnons célébraient la fête des Lupercales, fort en honneur dans le pays, des brigands, irrités de s'être vu dépouiller de leurs richesses, fondirent sur eux par surprise. Les vaillants jeunes gens résistèrent énergiquement et parvinrent à repousser leurs agresseurs, mais Rémus fut fait prisonnier.

Les brigands amenèrent le jeune homme devant le roi Amulius, et le lui présentèrent comme le chef d'une troupe de vagabonds qui, depuis quelque temps, pillaient les domaines de l'ancien roi, Numitor. Amulius donna l'ordre de livrer le coupable à son frère pour qu'il en disposât à son gré.

Le berger Faustulus avait toujours pensé que Romulus et Rémus étaient les fils de Rhea Silvia, car au moment où il les avait recueillis, il connaissait l'aventure de la vestale et le sort fait à ses enfants. Jusqu'alors, il n'avait rien dit de ce secret, attendant pour le dévoiler une circonstance favorable. Le danger qui menaçait Rémus le décida; il fit appeler Romulus et lui raconta ce qu'il savait. Le jeune prince se rendit aussitôt à Albe pour avoir une entrevue avec Numitor.

Celui-ci avait déjà fait comparaître Rémus devant lui. En apprenant l'âge du prisonnier, l'existence de son frère jumeau, le malheureux père songea aux fils de Silvia et se demanda si ce n'était pas l'un d'eux qui se trouvait en sa présence. L'arrivée de Romulus acheva de l'éclairer.

Ainsi réunis par le hasard, l'aïeul et les petits-fils formèrent le dessein d'attaquer Amulius et de lui reprendre le trône. Romulus introduisit secrètement ses

compagnons dans le palais du roi, Rémus l'y rejoignit
à la tête des gardes de Numitor, et tous deux, assaillant
Amulius à l'improviste, le massacrèrent avec ses gens.

Au bruit du tumulte, Numitor, accouru, feignit de
croire que les ennemis assiégeaient la ville et éloigna les
troupes qui se présentaient en les envoyant défendre la
citadelle ; puis, lorsqu'il sut que les conjurés avaient
réussi dans leur entreprise, il convoqua l'assemblée du
peuple. Devant elle, il rappela les forfaits de son frère,
dévoila la véritable origine de Romulus et de Rémus,
raconta le meurtre d'Amulius, et se glorifia d'avoir puni
cet usurpateur. Au même instant, les fils de Silvia
s'avancèrent, suivis de leur troupe, et proclamèrent leur
aïeul roi de la ville d'Albe. D'une commune voix,
l'assemblée les approuva et salua le nouveau souverain
de ses acclamations.

Après avoir ainsi aidé Numitor à reconquérir son
royaume, Romulus et Rémus conçurent le projet de
fonder une ville dans les lieux où ils avaient été exposés
et élevés. Les partisans qui les entouraient, les bergers
de la région, le surcroît des habitants d'Albe et de
Lavinium devaient assurer à la nouvelle cité une population nombreuse, et peut-être même, lui fournir les
moyens d'éclipser ses devancières.

Au moment d'entreprendre l'œuvre, l'ambition rompit
la bonne entente qui, jusqu'alors, avait régné entre les
deux frères. Chacun prétendit s'arroger le droit de
gouverner la cité future et de lui donner son nom.

Entre jumeaux, la supériorité d'âge ne pouvait être
invoquée. On résolut donc de s'en rapporter à la décision
des dieux, manifestée par un augure très répandu alors :
celui du vol des oiseaux.

Romulus alla se poster sur le mont Palatin, Rémus

PANORAMA DE ROME

2

sur le mont Aventin, et tous deux observèrent le ciel. Soudain Rémus vit venir à lui six vautours ; presque en même temps, Romulus en aperçut douze. L'interprétation de l'augure, fort délicate, donna lieu à une nouvelle discussion. Rémus soutint avoir triomphé parce qu'il avait découvert les vautours le premier, et Romulus ne voulut point se soumettre sous prétexte que les oiseaux s'étaient montrés à lui en plus grand nombre. Chaque prince ayant eu ses partisans, on finit par en venir aux mains. Rémus fut tué et son parti vaincu.

Suivant un autre récit, Rémus reconnut en définitive la suprématie de son frère, mais quand celui-ci eut fait creuser le fossé qui devait entourer sa ville, il franchit par dérision ce frêle obstacle. Romulus, plein de colère, le tua en s'écriant : « Ainsi périsse quiconque osera franchir mes remparts ! »

Ce qui est certain, c'est que Romulus fut le survivant et commença à bâtir la nouvelle ville, qui prit en son honneur le nom de Rome.

(D'après Tite-Live).

II

Le combat des Horaces et des Curiaces.

Sous Tullus Hostilius, deuxième successeur de Romulus, la guerre éclata entre Rome et Albe. Après un commencement de campagne, les chefs des deux cités résolurent de vider la querelle par un combat singulier. Trois frères romains, les Horaces, et trois frères albains, les Curiaces, soutinrent ce combat, qui se termina par la défaite d'Albe (vers 667 av. J.-C.).

L'armée romaine et l'armée albaine allaient en venir à une action décisive, lorsque le dictateur Mettus Fuffetius, que les Albains avaient mis à leur tête pour remplacer leur roi Clulius, mort récemment, fit annoncer au roi de Rome, Tullus Hostilius, qu'il avait des propositions importantes à lui soumettre. Une entrevue fut décidée, et les armées s'étant approchées l'une de l'autre, les deux chefs se rencontrèrent, accompagnés de leurs principaux officiers.

Mettus Fuffetius parla en ces termes : « De coupables agressions, le refus de rendre un butin injustement fait sont les causes apparentes de notre querelle ; mais si nous voulons dire vrai, l'ambition seule nous pousse aux armes. Avons-nous tort ou raison d'agir de la sorte ? C'est à celui qui a déclaré la guerre de répondre. En

tous cas, choisi par Albe comme chef, j'ai tenu, roi
Tullus, à te donner un avis. Tu n'ignores pas que
l'Étrurie, notre voisine, est une nation puissante sur
terre comme sur mer, et par conséquent fort redoutable.
Songe bien, au moment de donner le signal du combat,
qu'elle suit les mouvements de ces deux armées et les
attaquera toutes deux lorsqu'elles seront affaiblies par
la lutte. Si vraiment la liberté dont nous jouissons ne
nous suffit plus, s'il faut que de nous les uns commandent
et les autres obéissent, cherchons, avec l'aide des dieux,
quelque moyen de décider de la victoire sans grande
effusion de sang. »

Le roi Tullus Hostilius aimait passionnément la guerre,
et en la circonstance, son humeur belliqueuse était excitée
encore par l'espoir d'un triomphe à peu près certain.
Toutefois, la proposition de Mettus lui parut si raisonnable,
qu'il n'osa la repousser.

Dans chaque armée, il y avait trois frères presque de
même âge et de même force : les Horaces et les Curiaces.
L'Histoire ne nous a pas indiqué l'exacte nationalité de
ces guerriers; il est pourtant plus que probable que les
Horaces étaient Romains, et les Curiaces, Albains. Les
deux rois résolurent de terminer les hostilités en faisant
mesurer, en combat singulier, ces jeunes hommes réputés
pour leur vaillance.

Après qu'un traité solennel eut été signé, garantissant
l'empire du peuple dont les champions seraient vainqueurs, les troupes romaines et les troupes albaines se
rangèrent devant leurs camps respectifs, et les six combattants s'avancèrent entre elles les armes à la main.

De part et d'autre l'émotion était extrême. A l'heureuse
fortune et au courage de ces quelques hommes étaient
liées, en effet, les destinées des deux nations. Romains

et Albains adressèrent à leurs défenseurs les plus vives
exhortations. « Rappelez-vous, leur criaient-ils, que les
dieux de la patrie, la patrie elle-même, les citoyens de
la ville et de l'armée, ont les yeux fixés sur vos armes
et sur vos bras. »

Enivrés par ces clameurs, les jeunes guerriers s'attaquèrent avec une extrême violence. Tous semblaient
avoir oublié le danger qu'ils couraient pour ne songer
qu'au salut de leur patrie.

Les spectateurs, saisis à la fois de crainte et d'horreur,
retenaient maintenant jusqu'à leur souffle.

Bientôt les combattants se serrèrent de près et le sang
coula. Deux des Horaces tombèrent morts l'un sur l'autre;
les trois Curiaces furent blessés.

Se croyant déjà sûres de la victoire, les légions albaines
éclatèrent en cris de joie, tandis que les Romains regar-
daient avec consternation leur dernier soldat qu'entouraient ses trois adversaires.

Par un heureux hasard, le survivant des Horaces était
sans blessure. Trop faible contre tous les Curiaces, fort
contre chacun d'eux, il prit la fuite, persuadé que les
trois Albains, le suivant plus ou moins rapidement selon
qu'ils se trouvaient plus ou moins blessés, ne tarderaient
pas à se diviser. Après s'être éloigné quelque peu, il
tourna la tête et aperçut, en effet, ses ennemis à une
grande distance les uns des autres. Revenant aussitôt sur
ses pas, il attaqua le plus rapproché. En vain l'armée
albaine cria aux autres poursuivants de secourir leur
frère; avant qu'ils eussent eu le temps d'arriver, Horace
était vainqueur.

Ce fut au tour des Romains de pousser des cris
d'allégresse. Plein d'une nouvelle ardeur, leur adroit
champion se jeta sur le second Curiace, et, en ayant eu

facilement raison, se trouva seul à seul avec le dernier.

L'issue de la lutte n'était plus douteuse : d'un côté le Romain, sain et sauf, animé par une double victoire, s'avançait fièrement ; de l'autre l'Albain, épuisé par le sang qu'il avait perdu, découragé par la mort des siens, semblait s'offrir aux coups. « J'en ai sacrifié deux aux mânes de mes frères, s'écria Horace hors de joie, j'immole celui-ci à la cause de cette guerre, afin que Rome commande aux Albains. » A ces mots, il plongea son épée dans la gorge du malheureux Curiace, qui avait à peine la force de soutenir ses armes.

D'autant plus joyeux qu'un instant ils s'étaient crus perdus, les Romains accueillirent le triomphateur par des acclamations enthousiastes.

Chaque parti s'occupa ensuite d'ensevelir ses morts. Aux vaillants guerriers qui avaient soutenu ce combat mémorable, on éleva des tombeaux à la place même où ils avaient péri : les trois Curiaces reposèrent séparément du côté de Rome, les deux Horaces, côte à côte, plus près d'Albe.

(D'après Tite-Live).

III

La mort de Servius Tullius.

A la mort du cinquième roi de Rome, Tarquin l'Ancien, le trône fut occupé par son gendre, Servius Tullius, car chez les premiers Romains, la royauté n'était pas héréditaire. Afin d'échapper au triste sort du roi défunt, qui avait péri assassiné par les fils de son prédécesseur, Servius Tullius chercha à s'attacher les héritiers de Tarquin, Lucius et Aruns, en leur donnant ses filles en mariage. Lucius Tarquin, excité, chose atroce, par une des filles de Servius, n'en trama pas moins la mort du malheureux prince (534).

Les descendants de Tarquin l'Ancien — ses fils ou ses petits-fils, il y a doute sur ce point — ne se ressemblaient en rien comme caractère. L'un, Aruns, était doux et paisible; l'autre, Lucius, turbulent et ambitieux. Par une curieuse coïncidence, leurs femmes, les deux Tullies, filles de Servius Tullius, possédaient les mêmes qualités et les mêmes défauts; mais la plus violente était mariée à Aruns, et la plus douce à Lucius.

Le bouillant Tarquin et l'ardente Tullie ne tardèrent pas à éprouver l'un pour l'autre une vive sympathie. Tullie surtout admirait profondément Lucius Tarquin : le jeune prince se transformait à ses yeux en héros, en véritable fils de roi, et elle s'indignait contre sa sœur qui ne savait ni comprendre, ni aider un pareil homme.

Le Forum

Peu à peu, une grande intimité s'établit entre ces deux êtres, si bien faits pour s'entendre, et Tullie en profita pour jouer un rôle infâme. Dans les entretiens secrets qu'elle se ménageait avec Tarquin, elle ne tarissait pas en invectives contre son mari, contre sa sœur, voire même contre son père. « Il vaudrait mieux, pour toi comme pour moi, disait-elle à son coupable ami, vivre dans le célibat que de languir auprès de compagnons indignes de nous. Ah ! si les dieux m'avaient donné l'époux que je méritais, j'aurais bien su m'emparer du sceptre que tient mon père. »

Ces discours enflammèrent l'humeur fougueuse de Tarquin. Aruns et l'autre Tullie disparurent presque simultanément dans la tombe, et un nouveau mariage unit à son complice l'odieuse fille de Servius.

Ce premier crime devait être, dans l'esprit de ses auteurs, le prélude d'un second : la déposition et l'assassinat du vieux roi de Rome. Cette fois encore, Tullie s'efforça de stimuler l'audace de Tarquin. Nuit et jour, elle le poursuivait de ses provocations et de ses reproches. « Ce n'est pas à un homme partageant docilement ma servitude que je voulais m'unir, s'écriait-elle, mais à un fils de roi conscient de son origine et de ses droits, et qui, non content de convoiter le pouvoir, eût le courage de s'en emparer. Si tu es bien tel que je t'avais jugé, je continuerai à t'appeler mon époux et mon roi, sinon je proclamerai ma vie plus triste qu'auparavant, puisqu'à la lâcheté se sera joint le crime. Qu'attendrais-tu pour agir ? Tu n'as pas, comme ton père, à venir de Corinthe ou de Tarquinies conquérir le trône chez un peuple étranger. Tes dieux pénates et les dieux de ta patrie, l'image de Tarquin, la demeure royale et le trône qui furent siens, le nom de ta famille, tout te proclame roi.

Si le cœur te manque pour soutenir ces hautes destinées, ne te joue pas de Rome plus longtemps, ne te laisse pas considérer comme le descendant d'un roi. Aussi digne frère d'Aruns qu'indigne fils de Tarquin, reprends le chemin de Corinthe ou de Tarquinies et rentre dans l'obscurité d'où tu es sorti. »

Excité de la sorte, Tarquin essaya de se créer un parti parmi les sénateurs. Rappelant aux uns les bienfaits de son père, prodiguant aux autres les libéralités, critiquant devant tous certaines mesures malheureuses prises par Servius, il parvint à s'attirer de nombreuses sympathies. Quand il jugea son crédit suffisamment établi, il rassembla une troupe armée et envahit le Forum à sa tête. Là, en présence de la foule terrifiée, il monta sur le siège royal placé devant le Sénat, et envoya un héraut convoquer l'assemblée au nom du roi Tarquin.

Les sénateurs arrivèrent en hâte : les uns au courant du complot et prêts à acclamer leur nouveau maître, les autres pleins de stupéfaction et d'épouvante. Tarquin les harangua en ces termes : « Après la mort affreuse de mon père, Servius, fils d'esclave et esclave lui-même, a reçu le sceptre des mains d'une femme sans que, suivant l'usage, il y ait eu un interrègne, sans que les comices se soient assemblés, sans que le peuple et le Sénat aient été appelés à se prononcer. Les moyens dont il a usé pour s'emparer du pouvoir sont bien dignes de sa basse origine. Et depuis, ne s'est-il pas souvenu de ce peuple dont il est sorti? N'a-t-il pas enlevé aux riches citoyens le sol qu'ils possédaient pour le distribuer aux plus méprisables des hommes? Bien plus, il a fait peser uniquement sur les classes élevées les charges autrefois communes à tous, il a établi le cens pour faire envier aux pauvres la fortune des riches, et pour pouvoir lui-même

piller à l'aise le jour où il lui plaira de faire des largesses
à la populace. »

A ce moment, Servius, qu'un messager était allé prévenir, parut à l'entrée du Sénat et s'écria violemment :
« Qu'est-ce cela, Tarquin? Où prends-tu cette audace
de convoquer le Sénat, moi vivant, et de t'asseoir sur
mon trône? » — « J'occupe la place de mon père,
répondit Tarquin avec hauteur, place plus digne d'un
fils de roi que d'un esclave. Voilà trop longtemps,
Servius, que tu braves tes maîtres dépossédés. » Les
sénateurs des deux partis se mêlèrent alors en poussant
des cris confus, tandis qu'au dehors le peuple entourait
la salle d'assemblée ; toutefois de part et d'autre on
restait sur l'expectative, et il était visible que le prince
qui l'emporterait serait unanimement acclamé. Dans cette
situation critique, Tarquin prit un parti désespéré : plus
jeune et plus vigoureux que son rival, il fondit sur lui,
le saisit par le milieu du corps, et, s'élançant hors du
Sénat, le précipita au bas des degrés.

Servius se releva à demi mort et s'enfuit dans la direction de son palais, suivi de quelques serviteurs épouvantés. Comme il arrivait en haut de la rue Cypria, des
assassins, envoyés à sa poursuite, le rejoignirent et l'ache-
vèrent. Tarquin, pendant ce temps, avait repris place
sur le siège royal et s'efforçait de rallier ses partisans.

Tout à coup, au milieu de la foule qui encombrait le
Forum, on vit apparaître Tullie dans son char. L'auda-
cieuse femme fit appeler son mari et, devant tous, le
salua du nom de roi. Sur l'invitation de Tarquin, elle
reprit ensuite le chemin de sa demeure.

Après avoir remonté la voie Cypria, le char de la
princesse venait de s'engager dans la rue Virbia pour
gagner le quartier des Esquilies, lorsque le conducteur

arrêta brusquement ses chevaux et, tout frémissant
d'horreur, montra à sa maîtresse le corps de Servius
étendu sur la route. Alors eut lieu, dit-on, une scène
atroce. Tullie, hors d'elle-même, ivre d'ambition satis-
faite et de furie sanguinaire, fit passer son char sur le
cadavre ; puis elle s'éloigna, tout inondée par le sang qui
jaillissait des roues.

En souvenir de cette horrible action, la rue Virbia prit
le nom de rue Scélérate.

(D'après TITE-LIVE).

IV

Porsenna et les patriotes romains.

L'an 509, la royauté fut abolie à Rome, en la personne de Lucius Tarquin, devenu roi sous le nom de Tarquin le Superbe, et remplacée par la République. Tarquin essaya à plusieurs reprises de ressaisir le pouvoir. Le puissant Porsenna, roi de Clusium, en Etrurie, intervint notamment en sa faveur et marcha sur Rome à la tête de forces considérables. D'après certains historiens, Porsenna s'empara de la ville et en fut chassé quelque temps plus tard; d'après la tradition romaine, au contraire, l'attaque du roi de Clusium fut repoussée grâce à l'héroïsme de deux guerriers, Horatius Coclès et Mucius Scævola, et le courage d'une jeune fille, Clélie, acheva d'illustrer cette guerre (507).

De grands préparatifs avait été faits à Rome pour soutenir l'attaque de Porsenna. Les remparts étaient garnis de postes nombreux, et l'armée, rangée en bataille, défendait les bords du Tibre et le pont de bois qui, de ce côté, donnait accès à la ville.

Dès son arrivée, le roi de Clusium s'empara du Janicule, la seule des sept collines romaines qui se trouvât sur la rive droite du Tibre, et s'y établit solidement. Il fondit ensuite sur les troupes ennemies, qui plièrent sous son choc et ne tardèrent pas à battre en retraite. Porsenna les poursuivit, prêt à envahir Rome sur leurs traces.

C'en était fait de la cité de Romulus sans le dévouement

d'un de ses enfants, Horatius, surnommé Coclès, c'est-
à-dire borgne, parce qu'il avait perdu un œil dans un
combat. Ce guerrier, chargé de garder le pont jeté sur
le Tibre, frémit en voyant fuir ses compatriotes, car il
comprit que tout était perdu si Porsenna réussissait à
franchir le fleuve. Il se précipita au-devant des bataillons
en déroute et essaya de rétablir l'ordre dans leurs rangs.
N'ayant pu y parvenir, il prit le parti héroïque de faire
détruire le pont par les fuyards, tandis que, posté sur la
rive, il s'efforcerait de barrer le passage aux assaillants.

Ceux-ci, profondément étonnés de voir cet homme
marcher seul à leur rencontre, demeurèrent quelques
minutes hésitants et immobiles. Deux Romains, Lartius
et Herminius, qu'avaient gagnés l'audace du brave Coclès,
en profitèrent pour venir se ranger à ses côtés, et sup-
portèrent avec lui le premier effort de l'ennemi. Mais
bientôt, le pont menaçant de s'effondrer, Horatius leur
ordonna de se retirer, et, dès ce moment, il tint tête
sans aucun aide à toute l'armée de Porsenna. De nouveau, les soldats étrusques s'arrêtèrent stupéfaits. Horatius alors bondit vers eux, les défiant de la voix et du
geste. « Vils esclaves, criait-il, plats serviteurs de rois
superbes, vous n'avez pas su conserver votre liberté;
c'est pour cela, sans doute, que vous venez nous disputer
la nôtre. »

Ivres de fureur, les combattants les plus rapprochés
s'élancèrent ensemble sur l'audacieux Romain et essayèrent de le percer de leurs javelots. Couvert de son
bouclier, Horatius supporta l'attaque sans faiblir. Pourtant, assailli, pressé de toutes parts, il allait succomber,
lorsque le pont se rompit enfin. « Dieu du Tibre, s'écria
Coclès, j'implore ton divin secours. Protège le guerrier
que tes flots vont recevoir. » A ces mots, il se jeta tout

armé dans le fleuve, et, en dépit d'une grêle de traits, atteignit sain et sauf la rive opposée.

Les Romains honorèrent magnifiquement ce vaillant lutteur. Sa statue fut placée dans les Comices, et on lui fit don de tout le terrain que put enfermer en un jour le sillon circulaire d'une charrue.

Ainsi repoussé, Porsenna établit son camp le long du Tibre et soumit la ville à un siège en règle. De nombreux bateaux, circulant sur la rivière, interceptaient tout convoi de vivres et débarquaient en même temps, dans les champs voisins de Rome, des bandes armées qui rava-geaient affreusement la contrée.

Le consul Valérius réussit, par une habile manœuvre, à arrêter les incursions dévastatrices de l'ennemi. Un jour, il fit lâcher dans la campagne un nombreux trou-peau, et pendant que les pillards étrusques étaient occupés à s'emparer de ce riche butin, il les massacra jusqu'au dernier.

Les soldats de Porsenna n'osèrent plus s'aventurer trop près de Rome, mais le blocus continuait et la disette devait fatalement obliger la ville à capituler. Indigné de voir sa patrie, toujours triomphante jusqu'alors, menacée par le peuple étrusque qu'elle avait jadis vaincu, un jeune patricien, Mucius, résolut de la venger de cet affront par quelque coup d'audace.

Pendant une séance de l'assemblée, il parut devant les sénateurs, et leur dit : « Pères, j'ai l'intention de passer le Tibre pour pénétrer, si je puis, dans le camp ennemi. Un noble dessein m'est venu, et, avec l'aide des dieux, je tâcherai de l'exécuter. » Les sénateurs, confiants dans la valeur de Mucius, lui permirent d'agir à sa guise.

Le jeune homme cacha une épée sous ses vêtements et se mit en route. Après avoir traversé le fleuve à la nage, il se mêla adroitement aux guerriers étrusques et s'avança avec eux jusqu'à la tente de Porsenna.

Son intention était de tuer le souverain. Assis à son tribunal, ce dernier distribuait la solde de ses troupes, et il était facile de l'approcher. Mais comme aucun signe extérieur ne le distinguait d'un secrétaire qui l'aidait dans sa besogne, Mucius ne put le reconnaître. Longtemps il hésita, n'osant se renseigner de peur de se trahir. Enfin, craignant que le roi ne disparût, il s'élança au hasard et, mal servi par son inspiration, égorgea le secrétaire.

Dans le désordre qui suivit cette scène inattendue, le meurtrier, son arme sanglante à la main, s'ouvrit un passage au milieu des soldats et prit la fuite; mais les gardes du roi, lancés presque aussitôt à sa poursuite, le rejoignirent et l'arrêtèrent.

Amené devant le tribunal de Porsenna, il ne témoigna aucune émotion. « Je suis citoyen romain, dit-il fièrement. Mon nom est Mucius. Ennemi, j'ai voulu tuer un ennemi, et aussi courageusement que j'ai donné la mort, je saurai la recevoir. Le Romain, en effet, a l'habitude d'agir et de souffrir sans faiblesse. Mais apprends, Porsenna, que je ne suis pas seul à te haïr. Beaucoup de mes compatriotes ont résolu de m'imiter. Prépare-toi donc à lutter chaque jour pour ta vie, à trouver partout des ennemis embusqués pour te frapper. La jeunesse de mon pays, sache-le bien, te déclare une guerre sans merci : au lieu de te livrer une bataille générale, nous viendrons dans ce camp t'attaquer un à un. »

Ces paroles remplirent à la fois Porsenna de crainte et de colère. Il somma Mucius de dévoiler les complots ourdis par les Romains, sous peine d'être immolé sur-le-champ au milieu des flammes. Mucius l'écouta impassible ; puis, s'approchant d'un autel où flambait le brasier d'un sacrifice : « Vois, dit-il, vois, Porsenna, combien le corps est chose vile pour ceux qu'anime le désir de la gloire. » Et posant sa main sur le feu, il la laissa brûler comme si elle eût été insensible.

Le roi, stupéfait de cet acte de prodigieuse constance, sauta à bas de son siège, et éloignant brusquement le Romain de l'autel : « Va-t-en, s'écria-t-il, va-t-en ! Ton courage est admirable, et je le récompenserais s'il s'exerçait en ma faveur. Puisque tu es mon ennemi, je veux au moins te témoigner mon admiration en te renvoyant chez les tiens. »

Mucius accepta la grâce qui lui était offerte, mais en déclarant à Porsenna qu'il tenait à reconnaître sa générosité et qu'il ferait par gratitude les révélations que la menace n'avait pu lui arracher. « Je t'avertis donc, ô roi, continua-t-il, que trois cents jeunes gens des premières familles de Rome ont juré d'attenter à tes jours. Le sort m'a désigné le premier, les autres viendront à leur tour, jusqu'à ce que la fortune t'ait fait tomber sous leurs coups. » Et il se retira, laissant Porsenna rempli d'admiration pour la vaillance romaine et très effrayé des dangers qui le menaçaient

Peu de jours après, le roi de Clusium envoyait proposer la paix. Ses ambassadeurs réclamèrent pour la forme le rétablissement des Tarquins ; mais leur demande ayant été repoussée, ils se bornèrent à exiger la restitution d'un territoire étrusque autrefois conquis par les Romains, et l'accord fut fait à ce prix.

Mucius, que la perte de sa main droite avait fait surnommer Scœvola (gaucher), reçut, comme Coclès, la récompense de son dévouement. On lui donna, sur les bords du Tibre, une vaste étendue de terrain, qui prit par la suite le nom de « Champs de Mucius. »

Un dernier trait de vaillance marqua la fin de cette guerre, déjà si glorieuse pour les Romains. Afin d'obtenir la retraite immédiate des cohortes ennemies, le Sénat avait dû livrer en otage un certain nombre de jeunes filles de noble origine. Parmi ces captives, se trouvait la descendante d'une des plus anciennes familles de Rome, Clélie. Enfermée dans le camp étrusque non loin des bords du Tibre, cette intrépide jeune fille échappa aux mains de ses gardes et, entraînant ses compagnes, passa le fleuve à la nage pour regagner sa patrie.

Tout d'abord irrité, Porsenna ne tarda pas à admirer la conduite de Clélie comme il avait admiré celle d'Horatius Coclès et de Mucius Scœvola. Il fit réclamer ses otages, mais en déclarant qu'il ne se vengerait point de la coupable.

Respectueux des engagements pris, les Romains livrèrent les fugitives. Non seulement Porsenna n'infligea aucun châtiment à la jeune héroïne, mais il la combla d'éloges et la mit en liberté avec une partie des autres prisonnières.

Au courage de Clélie, courage extraordinaire chez une femme, le peuple de Rome accorda l'honneur non moins extraordinaire d'une statue équestre, et l'image de la jeune fille à cheval fut placée au haut de la voie sacrée.

(D'après TITE-LIVE).

V

Coriolan chez les Volsques.

*Dans une guerre contre les Volsques, uu jeune patricien romain,
Marcius, s'illustra en enlevant à l'ennemi la ville de Corioles, et reçut,
à la suite de ce fait d'armes, le surnom de Coriolan. Quelque temps
plus tard, ce triomphateur ambitieux, n'ayant pu obtenir le consulat
qu'il briguait, proposa, par vengeance, l'abolition de certaines mesures
favorables au peuple. Les tribuns le citèrent devant eux et le condam-
nèrent à l'exil. Coriolan, irrité, passa chez les Volsques et envahit à
leur tête les possessions romaines. Sourd aux prières de ses concitoyens,
il allait s'emparer de Rome, lorsque sa mère, Véturie, et sa femme,
Volumnie, vinrent, suivies de toutes les dames de la ville, implorer sa
clémence, et le décidèrent à lever le siège (490).*

Dès que la sentence qui le condamnait à l'exil eut
été prononcée, Coriolan rentra chez lui, embrassa sa
mère et sa femme, qui se lamentaient en poussant des
cris affreux, les engagea à subir leur malheur avec
résignation, et se dirigea vers les portes de la ville.

Les patriciens l'accompagnèrent solennellement. Arrivé
hors dès murs, il prit congé d'eux, et se retira, avec
trois ou quatre de ses clients, dans une propriété qu'il
possédait aux environs de Rome. Là, pendant plusieurs
jours, il médita des projets de vengeance. Finalement,
il prit le parti de susciter aux Romains une guerre terrible avec quelque nation voisine, de préférence avec

les Volsques, peuple puissant en hommes et en argent, et dont les récentes défaites avaient accru la jalousie et les ressentiments.

A Antium, capitale des Volsques, vivait alors un homme, appelé Tullus Amphidius, que sa fortune, son courage et sa grande origine, faisaient honorer comme un roi par tous ses compatriotes. Ce fut à lui que Coriolan résolut de s'adresser. Certes, il n'ignorait pas qu'Amphidius le détestait, car souvent, dans les batailles, ils s'étaient trouvés face à face et s'étaient livré, avec l'ardeur qui anime les jeunes chefs, de rudes combats singuliers. Mais il savait aussi que ce noble Volsque avait une âme généreuse, et que son désir de rendre aux Romains le mal qu'ils avaient fait à sa patrie lui ferait oublier bien des choses.

Il gagna donc Antium sous un déguisement et pénétra dans la ville à la faveur de la nuit. Il arriva sans être reconnu à la maison de Tullus, en franchit le seuil, et la tête recouverte, vint s'asseoir silencieusement près du foyer. Les serviteurs le regardèrent avec étonnement ; mais, frappés de son air de majesté, ils n'osèrent le chasser ni l'interroger, et allèrent appeler leur maître qui soupait.

Lorsque Tullus parut, Coriolan rejeta le manteau qui lui cachait le visage ; puis, avec autant de calme que de dignité : « Tullus, dit-il, ne me reconnais-tu pas ou ne peux-tu en croire tes yeux ? Je suis Caïus Marcius, ce Marcius à qui ses victoires sur les Volsques ont valu le surnom de Coriolan. Hélas ! de toute ma gloire, ce surnom est la seule chose qui me reste ; les autres biens m'ont été ravis par l'ingratitude et la violence du peuple. C'est en suppliant que je parais devant toi, non pour te demander la sûreté et la vie — serais-je ici si je craignais la mort? — mais le moyen de tirer vengeance de ceux qui m'ont chassé. Donc, si tu as le courage d'entrer en lutte avec tes vainqueurs, profite de mon infortune : je combattrai les Romains, dont je connais les faiblesses, avec plus de succès encore que les Volsques. Si, au contraire, mon offre ne t'agrée pas, je ne veux plus vivre, et toi-même tu manquerais à ton devoir en laissant partir sain et sauf un homme qui t'a jadis vaincu et qui maintenant ne peut te venir en aide. » Ce discours remplit Tullus de joie. Il saisit les mains de Coriolan, et les pressant amicalement entre les siennes : « Aie bon courage! s'écria-t-il. C'est nous faire un présent inestimable que de te donner à nous. Notre reconnaissance ne te fera pas défaut. » Ayant ainsi parlé, il engagea son hôte à se mettre à table et le traita avec toutes sortes d'égards. Les jours suivants, ils dressèrent ensemble leur plan de campagne.

L'armée volsque fut bientôt rassemblée. Elle était si nombreuse qu'on la divisa en deux parts : l'une prit garnison dans le pays pour en assurer la défense, l'autre se prépara à commencer la guerre. Coriolan avait voulu que Tullus Amphidius choisît entre les deux troupes celle qu'il lui plairait de commander, mais le Volsque abandonna modestement à son allié, aussi courageux que lui, déclara-t-il, et plus heureux dans les combats, la direction de l'armée assaillante.

A la tête de ses nouveaux soldats, Coriolan marcha sur la colonie romaine de Circéum, qui lui ouvrit volontairement ses portes. Il parcourut ensuite le territoire des Latins, ravageant affreusement la campagne et enlevant toutes les places qui se trouvaient sur son passage.

Cette brusque invasion plongea Rome dans la frayeur et le désespoir. En vain le Sénat voulut-il organiser la

résistance : les citoyens refusaient de prendre les armes
et passaient leur temps à se quereller. Bientôt, les
Volsques attaquèrent Lavinium, berceau de la race
romaine et sanctuaire de ses dieux pénates. Le peuple,
affolé, demanda que la condamnation de Coriolan fût
rapportée sur-le-champ. Le Sénat, après avoir discuté
cette proposition, la repoussa.

A cette nouvelle, Coriolan, exaspéré, leva le siège de
Lavinium et vint établir son camp à quarante stades de
Rome. L'épouvante fut alors à son comble dans la ville.
Les femmes couraient çà et là en se lamentant; les
vieillards, prosternés dans les temples, adressaient aux
dieux les plus ardentes prières ; toute la population,
indignée, éclatait en menaces contre l'assemblée qui,
pour satisfaire ses haines, n'avait pas craint de compromettre l'avenir de la République. Gagnés par la frayeur
générale, les sénateurs n'osèrent maintenir leur décision,
et ils envoyèrent une ambassade offrir son pardon à
l'exilé.

Les députés romains, choisis intentionnellement parmi
les parents et les amis de Coriolan, comptaient recevoir
de lui un accueil bienveillant. Leur espoir fut déçu.
Arrivés au camp ennemi, ils trouvèrent leur redoutable
compatriote assis au milieu des chefs volsques. L'air
hautain, la parole rude, Coriolan les somma de s'expliquer. Ils exposèrent leur message avec la douceur et
l'humilité de suppliants. Coriolan leur répondit en énu-
mérant ses griefs contre les Romains, et leur déclara,
pour finir, que personnellement il acceptait la grâce
qu'on lui apportait, mais que, comme chef de guerre, il
exigeait que Rome rendît aux Volsques leurs possessions
enlevées. Il accorda ensuite au Sénat une trêve de trente
jours pour délibérer.

Ruines d'une vieille Cité romaine

Ce délai passé, les envoyés reparurent devant le farouche général. « Vos demandes, dirent-ils, ont été examinées par nos magistrats, et nous ne prétendons point les repousser de parti pris. Mais, comme notre peuple n'a pas l'habitude de céder à la crainte, nous voulons, avant de les discuter, que vous abandonniez le sol romain. Retirez-vous donc avec vos troupes, et des pourparlers seront alors engagés. » Coriolan, qui avait écouté cette déclaration le sourire aux lèvres, répliqua d'un air dédaigneux : « Que signifient ces étranges paroles? Le commandant des Volsques n'y prête aucune attention. Quant au fils des Romains, il engage chari- tablement ses compatriotes à rabattre un peu de leur arrogance. » Et d'un ton cassant, il ajouta : « Je vous donne trois jours pour me soumettre d'autres conditions. Si ceux qui vous envoient n'ont rien de mieux à me proposer, inutile de reparaître dans mon camp : vous n'y seriez plus en sûreté. »

Les députés se retirèrent consternés, et le Sénat, partageant leur émoi, fit un dernier effort pour sauver l'État. Il ordonna aux prêtres des dieux, aux préposés aux mystères, et même au collège des augures, antique et nationale institution, d'aller, revêtus de leurs orne- ments sacrés, demander merci à l'implacable ennemi de Rome. Coriolan reçut ces nouveaux messagers, mais demeura sourd à leurs prières. « J'ai dit ce que je voulais, prononça-t-il, qu'on accepte ou la guerre con- tinuera. »

Les Romains se décidèrent à fortifier leur ville pour entamer la lutte. Mais les préparatifs se faisaient sans confiance et au milieu des rumeurs les plus sinistres.

Par bonheur, une patricienne, Valérie, sœur du fameux consul Publicola, eut une inspiration sublime.

Un jour qu'elle priait, à genoux, devant l'autel de Jupiter Capitolin, elle se leva, touchée, disent les traditions, de la grâce divine, fit lever les femmes qui se trouvaient là, et sortant du temple à leur tête, se rendit à la maison de Véturie, mère de Coriolan.

Véturie était assise dans sa demeure auprès de sa belle-fille, Volumnie, et tenait entre ses bras les enfants de son fils. La sœur de Publicola, s'arrêtant devant elle avec ses compagnes, lui parla en ces termes : « Véturie, et toi, Volumnie, nous venons vous adresser une demande. Ce ne sont point les sénateurs ni les magistrats qui nous envoient, mais le dieu que nos supplications ont touché. Si vous nous écoutez, vous sauverez tout le peuple et vous vous couvrirez d'une gloire plus immortelle que celle qu'acquirent autrefois les filles des Sabins en réconciliant à jamais leurs pères et leurs maris. Prenez avec nous l'appareil des suppliantes, et venez vous jeter aux pieds de Marcius. Attestez en sa présence que Rome ne s'est point vengée sur vous des maux qu'il lui fait souffrir; dites-lui que les chefs de la cité vous remettent entre ses mains, bien qu'ils n'aient pu obtenir des conditions de paix favorables. »

Toutes les femmes applaudirent à ce discours. Véturie répondit : « O mes concitoyennes, nous souffrons comme vous du malheur public et, en outre, les chagrins intimes nous accablent. Non seulement la gloire et les vertus de Marcius n'illustrent plus notre famille, mais nous voyons ce malheureux entouré d'ennemis qui ne songent qu'à le perdre. Toutefois, notre plus grande tristesse est de voir la patrie obligée d'avoir recours à notre faible assistance. Coriolan aura-t-il pour nous plus d'égards que pour son pays qu'il préférait jadis à tous les siens ? Je n'ose l'espérer. N'importe, disposez de nous comme vous l'entendrez ; conduisez-nous auprès de lui. Si nous ne pouvons l'attendrir, nous mourrons du moins à ses pieds en l'implorant pour notre patrie. » A ces mots, Véturie se leva, prit ses petits enfants par la main, et se dirigea vers le camp des Volsques, suivie de Volumnie et de toutes les autres femmes.

Lorsque ce touchant cortège parut devant eux, les soldats ennemis, étonnés et émus, gardèrent le silence. Coriolan avait pris place à son tribunal, entouré des officiers de son armée. Tout d'abord, il voulut demeurer impassible ; mais en apercevant à quelques pas de lui sa mère, sa femme, ses enfants, il ne put maîtriser son émotion. S'élançant de son siège, il attira à lui ces êtres bien-aimés, et les pressa en pleurant contre son cœur.

Véturie lui tint alors ce discours : « Nos voiles funèbres et nos corps épuisés par le chagrin t'indiquent, mon fils, quelle vie triste et lamentable nous avons vécue depuis ton exil. Aujourd'hui notre malheur est plus profond que jamais en voyant notre glorieux chef assiéger les murs de sa ville natale. Ce qui pour tous est une consolation, la prière aux dieux, nous est même interdit, puisque nous ne pouvons demander à la fois la victoire de Rome et ton propre salut. Quel supplice vont endurer ta femme et tes enfants, réduits à être privés de toi ou de leur patrie. Je ne parle pas de moi, car la fin de cette guerre ne me verra pas vivante. Si je ne puis t'amener à conclure la paix, tu ne pénétreras à Rome, sache-le bien, qu'en me passant sur le corps. Pourrais-je, en effet, voir les Romains vaincre mon fils, ou mon fils triompher de son pays ? Nous ne voulons pas que tu sauves notre cité en perdant tes alliés d'aujourd'hui, ce serait non moins odieux que de persister à combattre les tiens ; nous demandons seulement une paix salutaire à ces deux peuples, honorable pour nous et glorieuse pour les Volsques, qui auront renoncé, en l'accordant, à une victoire presque certaine. S'il est ainsi fait, nous te rendrons d'éternelles actions de grâces ; si tu poursuis la lutte, au contraire, tu seras maudit de l'une ou de l'autre nation : vainqueur, on te nommera le fléau de ta patrie, vaincu, on t'accusera d'avoir déchaîné, pour satisfaire tes haines, de terribles calamités sur tes bienfaiteurs. »

Coriolan avait écouté sa mère sans prononcer un mot. Lorsqu'elle eut cessé de parler, il resta silencieux longtemps encore. « Pourquoi te taire, mon fils? reprit Véturie. Ne vaut-il pas mieux céder aux supplications d'une mère qui plaide la cause d'intérêts sacrés, que de s'abandonner à la fureur et aux ressentiments? Un grand homme doit-il se souvenir des maux qu'il a soufferts ; un homme de cœur peut-il oublier que ses parents ont des droits à sa reconnaissance? Songe, mon fils, que tu t'es déjà suffisamment vengé du peuple romain, tandis que tu n'as donné à ta mère aucun gage de gratitude. A défaut de toute autre considération, la piété filiale devrait te décider à accueillir favorablement ma prière. » En achevant ces paroles, la noble femme se jeta aux pieds de son fils, et y fit agenouiller, en même temps, ses petits-enfants et sa belle-fille Volumnie.

« Qu'est-ce là, ma mère? » s'écria Marcius au comble de l'émotion ; et prenant Véturie dans ses bras, il la força à se relever. Puis, lui serrant tendrement les mains : «O ma mère, dit-il, tu as remporté une victoire heureuse pour ta patrie, mais funeste pour ton fils. Je me retire, vaincu par toi seule. »

Dès le lendemain, l'armée volsque s'éloignait en effet.

Coriolan resta chez ses anciens ennemis, et y fut, dit-on, mis à mort.

Quelques historiens prétendent, cependant, qu'il atteignit un âge avancé, languissant dans son exil et regrettant chaque jour davantage d'être éloigné de Rome.

(D'après PLUTARQUE).

VI

Virginius et sa fille.

Cinquante ans après la fondation de la république, Rome était tyrannisée de la façon la plus atroce par les décemvirs, magistrats élus pour rédiger un code de lois et qui, à l'expiration de leur mandat, avaient arbitrairement conservé le pouvoir. L'un d'eux, Appius Claudius — leur chef et leur conseiller, — s'éprit d'une jeune Romaine, Virginie, fille de Virginius, honorable centurion de l'armée de l'Algide. Il poursuivit de ses assiduités cette vertueuse personne et, n'ayant pu la séduire, chercha à s'emparer d'elle par la force. Virginius, prévenu, abandonna le corps où il servait et se présenta devant le décemvir, qui avait ordonné de livrer la jeune fille comme esclave à un de ses affranchis. Vainement il essaya de se faire rendre justice; Appius, terrorisant le peuple, garda sa victime. Alors le malheureux père, fou de chagrin, saisit son enfant et l'arracha au déshonneur qui l'attendait en lui plongeant un couteau dans le cœur. Cette scène tragique fut le signal d'une révolte qui obligea les décemvirs à abdiquer (449).

Le plébéien Virginius, centurion dans l'armée de l'Algide et homme fort respectable tant comme soldat que comme citoyen, avait une fille d'une éclatante beauté, appelée Virginie. Cette jeune personne était fiancée à un populaire Romain, Icilius, ancien tribun et courageux défenseur de la liberté. Le décemvir Appius Claudius, ayant eu occasion de la rencontrer, conçut pour elle une violente passion. A plusieurs reprises, il essaya de la séduire par ses présents et ses promesses ; mais Virginie, femme vertueuse et digne, repoussa ses avances avec horreur. Appius, alors, ne craignit pas d'abuser de son pouvoir pour la poursuivre odieusement.

Un jour que la jeune fille se rendait aux écoles publiques, ouvertes sur le Forum, un des complaisants du tyran, l'affranchi Claudius, se jeta sur elle en criant qu'il la reconnaissait pour une de ses esclaves, et lui ordonna de le suivre, sous peine d'être enlevée de force. Virginie, terrifiée, se laissait emmener ; mais sa nourrice, qui l'accompagnait, invoqua à grands cris le secours des passants. Les noms chers au peuple de Virginius et d'Icilius assurèrent aux deux femmes de nombreux défenseurs, et Claudius dut abandonner sa prisonnière. Il déclara alors qu'il ne voulait maltraiter personne, mais que, fort de son droit, il assignait Virginie en justice.

On se rendit devant le tribunal où siégeait Appius. L'affranchi, prenant la parole comme demandeur, débita une histoire inventée de concert avec son maître. « Cette femme, dit-il, a été présentée à Virginius comme sa fille par une supercherie que je me fais fort de dévoiler. En réalité, elle est née chez moi d'une esclave, et mes droits sur sa personne sont incontestables. J'exige donc qu'elle me soit remise. » Les défenseurs de Virginie répondirent qu'il fallait prévenir le centurion, éloigné de Rome pour le service de la République, et remettre le jugement à son arrivée.

Appius, après avoir longuement discouru sur les droits respectifs du père et du maître, déclara que Virginius serait appelé, mais qu'en attendant le demandeur garderait la jeune fille. Cette sentence inique souleva l'indignation de tous les assistants. Néanmoins aucun d'eux n'eut le courage de protester, et la condamnée allait être livrée à son odieux poursuivant, quand on vit apparaître le tribun Icilius, accompagné de Numitorius, oncle de Virginie.

Les licteurs essayèrent d'éloigner les deux hommes en leur déclarant que le jugement était prononcé. Mais Icilius s'arracha de leurs mains, tout frémissant de colère, et, se postant devant le tribunal : « Appius, dit-il, le fer seul m'empêchera d'élever la voix contre toi. Je suis le fiancé de Virginie, et j'entends l'épouser chaste et pure. Rassemble donc tes licteurs, fais préparer les verges et les haches, car, moi vivant, ma future compagne ne quittera pas la maison de son père. Vous avez pu, odieux tyrans, nous enlever le tribunat et l'appel au peuple, ces deux remparts de la liberté romaine, vous n'avez pas encore conquis le droit de vous jouer de nos enfants et de nos épouses au gré de vos caprices. Si tu oses faire violence à cette malheureuse femme, j'implorerai l'appui des citoyens, Virginius celui des soldats, et, protégés par les hommes aussi bien que par les dieux, nous nous ferons massacrer avant de laisser exécuter ton arrêt. »

Enflammée par ces énergiques paroles, la foule murmurait, prête à se soulever. Appius n'osa persister dans sa résolution. « Ce n'est pas la défense de Virginie qui préoccupe Icilius, dit-il comme se parlant à lui-même. Cet esprit turbulent, encore plein de l'orgueil du tribunat, voudrait exciter une émeute. Je ne lui en donnerai pas l'occasion. » Et élevant la voix, il ajouta : « Que Claudius laisse la jeune fille en liberté jusqu'à demain. Alors, si le père ne comparaît pas, les turbulents verront que la loi doit être respectée. »

Les amis de Virginie envoyèrent aussitôt le frère d'Icilius et le fils de Numitorius, jeunes gens vigoureux et agiles, avertir Virginius de ce qui se passait. Appius, de son côté, resta quelque temps à son tribunal pour ne pas sembler s'intéresser uniquement à cette cause; puis, regagnant en hâte sa demeure, il écrivit à ses collègues du camp de ne pas accorder de congé au centurion et, au besoin, de le faire emprisonner. Mais les premiers courriers devancèrent les siens, et quand son message fut remis aux chefs de l'armée, Virginius était déjà parti.

Le lendemain, à l'aurore, toute la ville se pressait sur le Forum. Virginius parut dans la tenue des accusés, conduisant sa fille qu'entouraient quelques matrones et de nombreux défenseurs. Il fit le tour de la place, sollicitant l'aide du peuple : « Vous avez devant vous, disait-il, un homme qui, tous les jours, expose sa vie pour protéger vos femmes et vos enfants. Nul soldat de l'armée n'a accompli plus d'actions glorieuses. Quelle sera la récompense de son dévouement, si dans cette cité de Rome qu'il défend, sa famille est exposée aux pires dangers? » Icilius, à sa suite, faisait entendre d'aussi véhémentes supplications. Mais les paroles étaient à peines nécessaires, tant les pleurs de Virginie et de ses compagnes émouvaient les assistants.

Le décemvir, que la passion affolait, monta sur son tribunal, bien résolu à triompher de tous les obstacles pour arriver à ses fins. Claudius se plaignit, en termes violents, d'avoir été lésé la veille par la complaisance du juge pour la partie adverse. Sans lui laisser terminer sa requête, sans permettre au centurion de répondre, Appius déclara que Virginie était adjugée comme esclave à celui qui la réclamait. La surprise et l'indignation rendirent un instant la multitude immobile et muette ; mais lorsque Claudius voulut saisir sa victime au milieu des femmes qui l'entouraient, Virginius s'avança, l'attitude menaçante. « Appius, s'écria-t-il, ce n'est pas à toi, mais à Icilius que j'ai promis ma fille ; c'est pour un mariage honorable et non pour l'infamie que je l'ai élevée. J'espère que les hommes qui sont ici et qui ont des armes ne souffriront qu'on se joue de nous et des nôtres comme d'un vil bétail. » A ces mots, de nombreux citoyens accoururent auprès de Virginie et lui firent un rempart de leurs corps.

Appius, hors de lui, réclama le silence; puis, d'une voix tonnante, il s'écria : « La violence de Virginius, jointe aux injures qu'a osé proférer hier Icilius, me prouve que des conciliabules ont été tenus dans la ville pour faire naître une sédition. Le prévoyant, j'ai amené une troupe en armes qui vaincra toute résistance. Les gens paisibles ne seront point inquiétés, mais les fauteurs de désordre recevront le châtiment qu'ils méritent. » Et le ton toujours impérieux, il ordonna aux licteurs d'aider Claudius à prendre son esclave. La foule, épouvantée, recula devant les soldats, laissant l'infortunée Virginie à la merci de ses persécuteurs.

Virginius comprit qu'il n'avait plus aucun secours à attendre de ses concitoyens. Alors, s'approchant du tribunal avec une apparente humilité, il s'adressa en ces termes au décemvir : « Appius, je te supplie de pardonner à la douleur d'un père les vivacités de parole qui m'ont échappé. Maintenant je me soumets à tes ordres et ne sollicite qu'une faveur : permets-moi d'interroger, en présence de celle que j'ai cru jusqu'à ce jour être ma fille, la nourrice qui l'a élevée. Si je puis acquérir la certitude que cette enfant n'est pas à moi, je me séparerai d'elle avec moins de regret. » Appius n'osa repousser cette demande. Le centurion entraîna à l'écart Virginie et sa nourrice. Non loin du temple de Cloacine, il s'approcha de l'étal d'un boucher, et, saisissant un couteau qui y était posé : « Ma fille bien-aimée, s'écria-t-il, la mort seule peut te sauver du déshonneur! » En prononçant ces paroles, il plongea l'arme dans le cœur de la jeune femme, qui tomba expirante à ses pieds.

Un cri d'horreur jaillit de toutes les poitrines, tandis qu'Appius se levait plein de fureur. Virginius s'élança vers lui, et, agitant sa main ensanglantée : « Misérable, s'exclama-t-il, je voue par ce sang ta tête aux dieux infernaux ! »

Le décemvir cria à ses gardes d'arrêter le meurtrier, mais celui-ci, perçant la foule qui ne demandait qu'à le protéger, s'enfuit vers les portes de la ville.

Icilius et Numitorius, restés sur le Forum, prirent le corps inanimé de Virginie et le promenèrent au milieu du peuple, en vouant à l'exécration de tous l'infâme conduite d'Appius. Les compagnes de la malheureuse jeune fille suivaient en se lamentant : « Est-ce pour cette destinée, gémissaient-elles, que nous donnons le jour à nos enfants? Est-ce une semblable récompense que mérite la vertu? »

Le peuple indigné, heureux aussi de profiter de cette occasion pour recouvrer sa liberté perdue, éclata en imprécations et en menaces. Vainement, Appius essaya de rétablir l'ordre par la force. Descendu sur le Forum avec quelques patriciens, il se vit entouré, menacé, et n'échappa à la mort qu'en se réfugiant dans une maison voisine. Son collègue Oppius, qui accourait, dut, pour ramener un peu de calme dans les esprits, annoncer la convocation immédiate du Sénat.

Pendant ce temps, Virginius était arrivé au camp, suivi d'environ quatre cents citoyens. Tout en larmes, il raconta son malheur aux autres guerriers et les sup-plia de le venger. Sourde à la voix de ses chefs, l'armée entière marcha sur Rome et occupa le mont Aventin.

En présence de ce soulèvement général, le Sénat obligea les décemvirs à abdiquer.

(D'après TITE-LIVE).

VII

Pyrrhus en Italie.

Les habitants de Tarente, colonie grecque de l'Italie méridionale, menacés par les Romains qu'ils avaient outragés, implorèrent le secours du roi d'Epire, Pyrrhus, élève d'Alexandre le Grand et chef de guerre remarquable. Pyrrhus battit l'armée romaine dans les champs d'Héraclée (280), mais l'héroïsme des soldats ennemis, joint aux traits de courage et de loyauté de Fabricius, un de leurs chefs, le remplit d'admiration. Après avoir gagné une seconde bataille aux environs d'Asculum, il quitta brusquement l'Italie pour aller guerroyer en Sicile contre les Carthaginois (279).

Pyrrhus, établi à Tarente, y organisait ses forces, quand il apprit que le consul Lévinus s'avançait à travers la Lucanie, suivi d'une nombreuse armée. Bien que la plupart des alliés qui lui avaient promis leur concours ne l'eussent pas encore rejoint, il équipa les troupes dont il disposait et marcha à sa rencontre.

Arrivé à quelque distance des légions romaines, il fit halte et envoya des messagers offrir au consul son arbitrage pour réconcilier les deux peuples. Lévinus répondit avec hauteur que ses concitoyens vidaient leurs différends par la guerre, mais ne se pliaient aux sentences de personne.

Pyrrhus se remit alors en chemin et vint asseoir son camp dans les plaines d'Héraclée. Les Romains étaient établis de l'autre côté du Siris, petit fleuve qui coulait non loin de là. Pyrrhus partit à cheval reconnaître leurs positions. La bonne tenue des guerriers ennemis, l'habile arrangement de leurs postes, l'ordre et l'assiette de leur camp, le plongèrent dans l'admiration. « Mégaclès, dit-il à un officier qui l'accompagnait, ces barbares ne me semblent pas agir comme des barbares. Nous verrons ce dont ils sont capables. » Et un peu intimidé, il résolut d'attendre ses renforts pour commencer la bataille.

Le consul Lévinus, devinant cette tactique, se prépara sur-le-champ à franchir la rivière. Pyrrhus avait laissé quelques troupes pour défendre le passage ; mais celles-ci, effrayées par le nombre de leurs adversaires, battirent en retraite sans combattre.

Forcé d'en venir aux mains, le roi d'Épire commanda à ses lieutenants de ranger son infanterie en bataille, et, à la tête de sa cavalerie, il se porta au-devant de l'armée romaine, déjà alignée en bon ordre sur le rivage.

L'action s'engagea vigoureusement. Justifiant sa haute réputation, le valeureux Pyrrhus se trouvait toujours au plus fort de la mêlée et dirigeait le combat avec autant d'intelligence que d'adresse.

Son maintien imposant, sa riche armure, son indomptable courage, le désignaient aux regards de tous. A plusieurs reprises, les soldats romains cherchèrent à le percer de leurs javelots ; mais, superbe et dédaigneux, il repoussait leurs attaques en se jouant. Tout à coup, un de ses officiers, Léonatus de Macédoine, aperçut un cavalier ennemi qui, au lieu de prendre part à la lutte, observait tous les mouvements du prince. Rejoignant

Pyrrhus, il lui dit : « Seigneur, voyez ce barbare qui monte un cheval noir à pieds blancs : ses yeux sont toujours dirigés de votre côté. Sûrement il médite quelque grand dessein, et, si vous m'en croyez, vous vous défierez de lui. » — « Ne crains rien, Léonatus, repartit le roi avec une tranquille assurance. Ce guerrier, pas plus qu'un autre, ne triomphera de moi. » A peine avait-il achevé ces mots, que l'homme désigné fondait sur lui et renversait son cheval d'un coup de lance. Par bonheur, Léonatus put tuer à son tour la monture du Romain, et quelques Grecs, accourant, dégagèrent leur souverain.

Pyrrhus comprit que de sérieux dangers le menaçaient s'il ne se tenait sur ses gardes. Il appela donc son fidèle Mégaclès et changea avec lui d'armes et de vêtements. Retournant ensuite au combat, il lança en avant ses bataillons de fantassins pour soutenir sa cavalerie qui commençait à faiblir.

La victoire demeura longtemps incertaine. Sept fois les deux armées plièrent, sept fois elles revinrent à la charge. Mégaclès, entouré d'un gros d'ennemis qui le prenaient pour Pyrrhus, tomba percé de coups ; un des combattants le dépouilla de son casque et de son man-teau et courut vers le consul Lévinus en criant qu'il avait tué le roi d'Épire. Les Romains, à cette nouvelle, luttèrent avec une ardeur plus grande, tandis que les Grecs, consternés, reculaient sur divers points. Pyrrhus s'élança alors au milieu des siens, la tête découverte, et les rallia promptement. En même temps, il fit lâcher ses éléphants qui jetèrent le trouble et l'épouvante dans les bataillons ennemis, et acheva de se rendre maître du champ de bataille par une vigoureuse attaque de cavalerie.

Pyrrhus et Fabricius

Cette terrible défaite n'abattit point le courage des Romains. Ils levèrent sans retard une seconde armée et se mirent en mesure de continuer la guerre. Pyrrhus vit que dompter un pareil peuple serait chose difficile, et, s'estimant heureux d'avoir remporté un triomphe qui laissait intacte sa renommée militaire, il décida de prendre l'initiative d'une proposition de paix.

Ce fut son célèbre ministre Cinéas qui assuma la délicate mission d'entrer en rapport avec les chefs de Rome.

Thessalien élevé à l'école de Démosthène, Cinéas était un homme d'une éloquence remarquable et d'une finesse extrême. « Il a gagné plus de villes par ses paroles, disait Pyrrhus de lui, que moi par la force de mes armes. »

Introduit devant le Sénat romain, Cinéas exposa son message en un discours très insinuant. Au nom de Pyrrhus, il offrait de libérer sans rançon les prisonniers de guerre, de signer avec Rome un traité d'alliance, et ne demandait, en échange, qu'une promesse d'amitié pour le roi d'Épire et la paix pour les Tarentins.

Les sénateurs discutèrent longuement ces conditions. Les uns, fidèles aux habitudes de fierté et d'honneur de leur illustre peuple qui jusqu'alors n'avait signé la paix qu'après une victoire, voulaient qu'on les repoussât; les autres, atterrés par la défaite subie et redoutant un nouveau désastre, affirmaient que l'entente pouvait se faire.

Ce dernier avis allait sans doute prévaloir, quand on vit apparaître dans la salle des séances Appius Claudius, un des plus illustres membres de l'assemblée. Ce grand citoyen, vieux et aveugle, demeurait depuis longtemps éloigné des affaires; mais en apprenant par la rumeur publique que ses collègues songeaient à s'humilier devant

Pyrrhus, il avait ordonné à ses esclaves de le porter au Sénat. Respectueusement conduit à sa place par ses fils et ses gendres, il prit la parole en ces termes : « Romains, jusqu'à présent je me plaignais d'avoir perdu la vue, aujourd'hui je regrette de n'être pas également devenu sourd pour ne pas entendre vos honteuses délibérations. Vous disiez autrefois — et vos paroles ont ému toute la terre — que si Alexandre le Grand était venu en Italie, il ne porterait pas le surnom d'invincible, car les Romains auraient triomphé de lui. Ce n'étaient là, paraît-il, que folles bravades, que présomptueux orgueil, puisque vous tremblez devant les Chaoniens et les Molosses, anciens esclaves des Macédoniens, puisque vous n'osez tenir tête à Pyrrhus, humble auxiliaire du fameux conquérant. Il parle, ce Pyrrhus, de prendre l'Italie ; que n'a-t-il tout d'abord conservé la Macédoine? Ah! ne croyez pas vous sauver en faisant la paix avec lui. Ses alliés, au contraire, enhardis par votre soumission, viendront vous attaquer à tour de rôle. »

Ce discours fit une profonde impression sur les sénateurs. Tous les dissentiments s'apaisèrent, et on transmit à Cinéas cette réponse magnifique de concision et de fermeté : « Le peuple romain ordonne à Pyrrhus de sortir de l'Italie. Alors, il pourra, s'il le veut, renouveler ses offres d'alliance. Jusque-là, une guerre sans merci lui sera faite, arrivât-il à battre dix mille Lévinus. »

Cinéas se retira émerveillé, et en rendant compte de son voyage à son maître, il lui dit que le Sénat paraissait être une assemblée de rois, que les forces de Rome étaient inépuisables, que le consul Lévinus avait déjà sous ses ordres une armée deux fois plus forte que celle qui avait été vaincue, et que, par conséquent, lutter contre de pareils adversaires serait lutter contre une hydre de Lerne.

Pyrrhus était encore sous l'impression de ces émouvants rapports, quand une ambassade romaine parut dans son camp. Cette ambassade, qui avait pour chef l'ancien consul Caïus Fabricius, était chargée de discuter avec lui le rachat des Romains prisonniers. Cinéas conduisit en personne Fabricius devant le roi, et le lui présenta comme un homme universellement estimé de ses concitoyens, tant pour ses qualités de général que pour ses vertus et sa probité. Pyrrhus traita ce glorieux envoyé avec beaucoup d'égards, et lui offrit de riches présents, non point, dit-il, pour l'amener à trahir ses devoirs, mais en témoignage de haute estime et de sincère amitié. Fabricius, tout en exprimant au roi sa gratitude, refusa de rien accepter.

Cette marque de désintéressement toucha fort Pyrrhus, et il voulut voir si l'ancien consul était également aussi valeureux qu'on l'affirmait. Le lendemain, sous la tente où il conversait avec lui, une tapisserie, s'ouvrant brusquement, livra passage à un gigantesque éléphant, qui, la trompe levée, s'approcha des assistants, en poussant des cris effroyables. Fabricius demeura immobile devant l'animal, et regardant Pyrrhus avec un calme sourire : « Hier, dit-il, votre or ne m'a pas tenté ; aujourd'hui votre éléphant ne m'effraie pas davantage. »

Le roi, plein d'admiration, renouvela au vaillant Romain son désir d'entrer en relations d'amitié avec ses compatriotes, et lui offrit personnellement de rester à sa cour, où les plus grands honneurs lui seraient prodigués. « Noble prince, répondit Fabricius, vous avez tort de souhaiter une semblable chose, car vos sujets, s'ils me connaissaient, vous enlèveraient le trône pour

me le donner. » Pyrrhus ne s'offensa pas de cet audacieux propos; tout au contraire, il rassembla ses officiers
et exalta devant eux la grandeur d'âme de l'ambas-
sadeur. Puis il décida que, sur un simple engagement
verbal de Fabricius, les prisonniers iraient passer librement à Rome la fête des Saturnales, et viendraient
reprendre leur chaîne si la guerre se poursuivait.

Le Sénat, inébranlable dans ses prétentions, renvoya
les captifs à l'époque indiquée, et fit savoir à Pyrrhus
que les hostilités allaient être reprises.

Les troupes grecques et romaines se rencontrèrent
une seconde fois aux environs d'Asculum. Le lieu où la
lutte commença était étroit et marécageux. Pyrrhus ne
put utiliser sa cavalerie, ni ses éléphants, et la bataille
se prolongea jusqu'au soir sans résultat. Le lendemain,
le roi d'Épire se mit en route, dès le matin, pour
trouver une position de combat plus favorable. Les
Romains, qui l'avaient imprudemment suivi, ne purent
soutenir le choc de ses phalanges déployées, et furent
taillés en pièces.

Cette nouvelle victoire était glorieuse pour Pyrrhus,
mais elle lui coûtait cher. La plus grande partie des
troupes qu'il avait amenées d'Épire était anéantie, et
ses meilleurs capitaines avaient disparu. Aussi à quelques
courtisans qui le félicitaient de son succès, il répondit
tristement : « Quelques-uns comme celui-là, et je suis
perdu sans ressource. »

Plus que jamais, le roi d'Épire eut été satisfait de
conclure la paix. Il n'osait cependant en parler encore
le premier. Sur ces entrefaites, les Romains élurent
consul Caïus Fabricius. Un jour, celui-ci reçut du médecin de Pyrrhus une lettre, dans laquelle cet homme
vénal offrait d'empoisonner son maître, si on consentait

à payer ses services. Fabricius, toujours loyal, refusa
d'être complice d'une pareille félonie, et la dévoila à
Pyrrhus, en un message ainsi conçu :

« Caïus Fabricius, consul des Romains, salue le roi
Pyrrhus, et constate qu'il est aussi malheureux dans le
choix de ses amis que dans celui de ses ennemis. La
lettre que je lui transmets lui prouvera qu'il fait la
guerre à des hommes vertueux et justes, et qu'il accorde
sa confiance à des méchants et à des traîtres. Ce n'est
pas pour acquérir ses bonnes grâces que nous lui faisons
connaître de la sorte la perfidie d'un de ses serviteurs,
mais pour lui montrer que nous avons l'intention de le
vaincre par notre seul courage. »

Pyrrhus, tout ému de cet acte de générosité, relâcha
sur l'heure les Romains qui étaient en son pouvoir et
envoya Cinéas engager de nouveaux pourparlers avec le
Sénat.

L'habile Thessalien fit tous ses efforts pour arriver à
une conciliation. Mais il se heurta à cette réponse
immuable de l'assemblée : « L'accord ne sera possible
que lorsque l'armée grecque aura évacué notre territoire. »

Obéir à cette sommation semblait dur à Pyrrhus.
Comme il hésitait, cherchant un moyen de se retirer
sans honte, il reçut la visite de députés siciliens, qui
venaient lui demander d'aider leur peuple à combattre
les Carthaginois. Il s'empressa de saisir ce prétexte pour
abandonner l'Italie et passa en Sicile avec toutes ses
troupes.

(D'après PLUTARQUE).

VIII

La bataille de Cannes.

Au nord de l'Afrique, sur les côtes de la Méditerranée voisines de l'Italie, une ville, Carthage, était née presque en même temps que Rome, et avait grandi, comme elle, en étendue et en puissance. La conquête de la Sicile par les Carthaginois, en rapprochant les territoires des deux cités, les jeta l'une sur l'autre. La guerre commença à la suite d'une attaque des Mamertins, que soutenaient les Romains, contre les Syracusains, que défendaient les Carthaginois. Après vingt-trois ans de batailles (264-241), les Romains réussirent à enlever la Sicile à leurs adversaires. Mais quelques années plus tard (219), un jeune Carthaginois, Annibal, que ses mérites avaient fait nommer, à vingt-cinq ans, général en chef par ses compatriotes, rouvrit brusquement les hostilités. Parti d'Espagne, il passa les Pyrénées, traversa la Gaule en taillant en pièces toutes les armées qui essayèrent de l'arrêter, franchit les Alpes malgré les difficultés que présentait une pareille entreprise, triompha des troupes romaines au Tessin, à la Trébie, sur les bords du lac Trasimène, et remporta enfin la fameuse victoire de Cannes, qui mit Rome à deux doigts de sa perte (216).

Au moment où l'armée romaine atteignait les bords de l'Aufidus, aux environs de Cannes, le consul Térentius Varron, qui la dirigeait concurremment avec son collègue Paul-Émile, profita de ce que le commandement en chef lui appartenait ce jour-là pour passer le fleuve et offrir la bataille aux Carthaginois. Paul-Émile

Un mausolée et un pont sur le Tibre à Rome (aujourd'hui pont et château Saint-Ange).

le suivit, car s'il désapprouvait l'entreprise, il lui était impossible de ne pas la seconder.

Varron rangea ses troupes en bataille sur la rive. A l'aile droite, il plaça la cavalerie romaine, renforcée de quelques bataillons d'infanterie; à l'aile gauche, la cavalerie des alliés; au centre, l'infanterie des deux corps. Les consuls prirent chacun le commandement d'une aile, Varron celui de l'aile gauche, Paul-Émile celui de l'aile droite, et leur principal lieutenant, Géminus Servilius, se mit à la tête des autres légions.

Au point du jour, Annibal franchit la rivière à son tour, et forma promptement sa ligne de combat. A l'aile gauche, il opposa à la cavalerie romaine sa cavalerie espagnole et gauloise; à l'aile droite, il plaça ses cavaliers numides, et réserva pour le centre son infanterie, composée d'Africains, de Gaulois et d'Espagnols. Les Africains, munis des armes enlevées à l'ennemi dans les victoires de la Trébie et du lac Trasimène, étaient aussi bien équipés que les soldats romains. Les Espagnols et les Gaulois, de taille gigantesqne et d'aspect effrayant, avaient leur tenue habituelle : les premiers, revêtus de tuniques blanches bordées de pourpre, portaient un glaive court et acéré; les seconds, nus jusqu'à la ceinture, une épée longue et sans pointe. Un solide bouclier complétait l'armement de tous. Annibal se posta, avec son frère Magon, au centre de ses forces; la direction de l'aile gauche fut confiée à Asdrubal, celle de la droite à Malharbal. Soit hasard, soit calcul de la part des généraux, les Romains étaient tournés vers le midi, les Carthaginois vers le nord, et le soleil, frappant obliquement les deux armées, ne les gênait point. En revanche, les légions romaines recevaient le vent en plein visage, et la poussière les aveuglait.

Soudain une clameur retentit, quelques cohortes d'auxiliaires se détachèrent de côté et d'autre, et l'action s'ouvrit. Bientôt après, la cavalerie des Gaulois et des Espagnols s'ébranla pour attaquer la cavalerie romaine. Pris entre le fleuve et les troupes d'infanterie, ces nouveaux combattants entamèrent une mêlée confuse; du haut de leurs chevaux, serrés les uns contre les autres, ils se saisissaient corps à corps et cherchaient à se renverser. Après une lutte vive mais courte, les champions de Rome, écrasés, tournèrent le dos.

L'engagement de l'infanterie commença alors. Les Romains, qui marchaient en lignes serrées, enfoncèrent les Gaulois et les Espagnols, moins nombreux et moins bien disposés; mais en les poursuivant jusqu'au milieu des rangs carthaginois, ils se laissèrent envelopper par les Africains, qui, restés sur les deux ailes tandis que leurs compagnons s'élançaient en avant, se rejoignirent tout à coup en un habile mouvement tournant. Le combat reprit avec fureur; mais il devenait très inégal, puisque les guerriers romains, déjà épuisés, avaient à lutter contre des ennemis frais et vigoureux, et se trouvaient, en outre, cernés de toutes parts.

Pendant ce temps, la cavalerie des alliés, qui formait l'aile gauche de l'armée de Varron, en était également venue aux mains avec la cavalerie numide. Là, une perfidie bien punique décida de la victoire. Cinq cents Numides environ s'approchèrent brusquement de leurs adversaires, descendirent de leurs chevaux, et jetant leurs armes sur le sol, s'offrirent comme transfuges. Les Romains, sans défiance, les admirent parmi eux, et leur ordonnèrent de rester immobiles à l'arrière-garde. Au plus fort de la mêlée, ces traîtres éhontés s'emparèrent de leurs boucliers abandonnés, tirèrent des épées qu'ils avaient cachées sous leurs cuirasses, et assaillant par derrière leurs prétendus alliés, en firent un épouvantable carnage.

Dès lors, la bataille ne se soutint plus qu'au centre où l'infanterie romaine continuait à se défendre courageusement. Asdrubal, accourant, rallia l'infanterie espagnole et gauloise, et vint prêter main forte aux Africains.

De son côté, Paul-Émile, quoiqu'il eût été sérieusement blessé d'un coup de fronde dans les premiers assauts, s'était rendu, avec quelques-uns de ses cavaliers, à l'endroit où se livrait la lutte la plus acharnée, et était parvenu à y maintenir le combat. Lorsqu'il n'eut plus la force de diriger son cheval, il mit pied à terre, et suivi de ses derniers soldats, qui, à son exemple, avaient abandonné leurs montures, il essaya de résister encore.

En voyant avancer ainsi cette poignée d'hommes, Annibal, qui commandait près de là, s'écria, dit-on, malgré lui : « Les malheureux, ils veulent donc se donner à moi pieds et poings liés ! » Le consul et ses compagnons furent, en effet, horriblement massacrés. Mais quelques-uns seulement, épuisés par leurs blessures, lâchèrent pied; les autres se battirent jusqu'à la mort.

La déroute de l'armée romaine fut bientôt complète. Assis sur une pierre et tout inondé de sang, Paul-Émile regardait tristement fuir ses guerriers. Le tribun Cornélius Lentulus l'aperçut : « Paul-Émile, s'écria-t-il, seul innocent de la malheureuse faute d'aujourd'hui, vous devez être protégé par les dieux. Montez sur ce cheval; je saurai vous emporter et vous défendre. Hélas! assez de larmes et de deuil nous sont réservés pour que la mort d'un consul ne rende pas cette journée plus funeste encore. » Paul-Émile répondit : « Bon courage, Cornélius ! Mais ne compromets pas ton salut en t'abandonnant à une vaine pitié. Éloigne-toi sans perdre un instant, et dis aux sénateurs de fortifier Rome avant que les Carthaginois victorieux apparaissent sous ses murs. Informe également Fabius que Paul-Émile est mort, comme il a vécu, fidèle à ses préceptes. Et laisse-moi périr ici. Cela me vaudra mieux que d'être accusé une fois de plus à la fin de mon consulat, ou que d'avoir à me faire l'accusateur de mon collègue. »

A ce moment, une troupe de fuyards arriva, bientôt suivie d'un gros d'ennemis. Ces derniers, sans reconnaître le consul, le criblèrent de traits, tandis que Lentulus disparaissait, emporté par son cheval.

Dans leur retraite précipitée, les Romains cherchèrent refuge de divers côtés. Sept mille hommes s'enfermèrent dans le petit camp, dix mille dans le grand, et deux mille environ dans les maisons de Cannes.

Varron, plus habile, atteignit Venouse, en compagnie d'une centaine de cavaliers.

Quarante-cinq mille fantassins romains et deux mille sept cents cavaliers étaient restés, dit-on, sur le champ de bataille. Parmi les morts, on comptait les deux questeurs des consuls, Atilius et Furius Bibaculus, vingt et un tribuns militaires, plusieurs consulaires, prétoriens ou édilitiens, et quatre-vingts sénateurs ou anciens magistrats. En outre, trois mille fantassins et trois cents cavaliers avaient été faits prisonniers.

(D'après Tite-Live).

IX

La mort de Caïus Gracchus.

Sempronius Gracchus, consul romain réputé pour ses talents et sa grandeur d'âme, avait épousé la fille du fameux général Scipion l'Africain, Cornélie. De leur union naquirent deux fils, Tibérius et Caïus Gracchus, communément appelés les Gracques. Restée veuve de bonne heure, Cornélie, femme énergique et vertueuse, éleva ces enfants avec soin, et leur inspira, dès leur plus tendre jeunesse, le désir de se rendre utiles à leur patrie. « On m'appelle la fille de Scipion l'Africain, leur disait-elle fréquemment, je voudrais qu'un jour on oubliât ce titre pour me nommer la mère des Gracques. » Arrivés à l'âge d'homme, Tibérius et Caïus Gracchus s'illustrèrent en effet. Tibérius, élu tribun, lutta avec vigueur contre les concussions des patriciens romains. Il fit notamment promulguer la loi Sempronia ou loi agraire, qui partageait entre les citoyens pauvres les terres illégalement acquises par les riches. Les sénateurs, mécontents, soulevèrent une émeute et l'assassinèrent (131). Caïus Gracchus fut nommé tribun quelques années plus tard. Reprenant les projets de son frère, il confirma la loi Sempronia et rendit plusieurs autres décrets favorables aux intérêts de la classe plébéienne. Les patriciens réussirent à indisposer le peuple contre lui et à l'écarter du tribunat. Après sa chute, Caïus, menacé par ses ennemis, dut employer la force pour se défendre. Ses partisans ayant été mis en déroute, il se réfugia dans un bois consacré aux Furies, et ordonna à un de ses esclaves de lui donner la mort (121).

Le Sénat, résolu à tout pour se débarrasser de Caïus Gracchus, investit du pouvoir dictatorial le consul Opimius, et ce dernier fit aussitôt prendre les armes aux membres de l'assemblée, aux chevaliers et à leurs esclaves.

Le lieutenant de Caïus, Fulvius, réunit de son côté les partisans du tribun, et alla se retrancher avec eux sur le mont Aventin. Caïus les suivit, mais en simple toge, et n'ayant pour toute arme qu'un petit poignard. Comme il franchissait le seuil de sa maison, sa femme Licinia se précipita à ses genoux, et l'arrêtant d'une main, tandis qu'elle tenait de l'autre son fils tout jeune encore : « Mon cher Caïus, s'écria-t-elle, tu ne vas pas aujourd'hui, en qualité de tribun ou de législateur, proposer des décrets du haut de la tribune aux harangues. Tu ne marches pas non plus à une guerre profitable, qui me laisserait la gloire en partage, si le malheur voulait qu'elle te ravît à mon affection. Tu cours te livrer aux meurtriers de Tibérius ; et tu y cours sans défense, prêt à tout supporter plutôt que de résister à la violence par la violence. Oh ! mon époux, tu trouveras la mort, une mort inutile à ta patrie. Vois, déjà les méchants triomphent, déjà la menace et la force dictent leurs arrêts aux tribunaux. Si tu t'éloignes de moi, je suis sûre qu'il me faudra réclamer aux flots de la mer ou aux eaux d'un fleuve ton cadavre, privé, comme celui de ton frère, des honneurs de la sépulture. Oui, tel est le triste sort qui m'est réservé, car après le meurtre de Tibérius, on ne peut compter sur la protection des lois, ni sur celle des dieux. »

Caïus échappa doucement à l'étreinte de son épouse et partit sans répondre. Licinia voulut s'élancer pour le retenir, mais ses forces la trahirent, et elle tomba évanouie. Ses esclaves la relevèrent quelques minutes plus tard, et la portèrent chez son frère Crassus, où elle resta bien des heures privée de connaissance.

Pendant ce temps, Caïus avait rejoint ses amis. Sur son désir, Fulvius envoya le plus jeune de ses fils proposer aux sénateurs une conciliation.

Le jeune homme chargé de ce rôle de parlementaire, était doux, timide et d'une grande beauté. Il parut devant l'assemblée un caducée à la main, la rougeur au front et le visage inondé de larmes. Les sénateurs, saisis d'émotion, l'écoutèrent avec bienveillance ; la plupart inclinaient même à lui répondre favorablement, mais Opimius s'écria d'un ton rude : « Comment des citoyens coupables osent-ils se servir de hérauts pour correspondre avec le Sénat ? Que ces rebelles descendent de leur montagne, qu'ils viennent se faire juger, qu'ils se livrent en un mot à notre merci ! Alors peut-être daignerons-nous leur accorder quelque clémence. » Et il interdit au fils de Fulvius de revenir, si ses chefs ne consentaient pas à se soumettre.

Lorsque Caïus Gracchus connut cette réponse, il manifesta l'intention d'aller lui-même plaider sa cause au Sénat. Mais ses compagnons ne voulurent point le lui permettre, et Fulvius, malgré les menaces du dictateur, chargea son fils d'apporter à Rome un message identique au précédent. Opimius, qui n'attendait qu'une occasion pour brusquer les choses, fit emprisonner le jeune envoyé et marcha sur l'Aventin, à la tête d'une nombreuse infanterie et d'un corps d'archers crétois.

Les partisans de Caïus, vigoureusement assaillis et criblés de flèches, durent prendre la fuite. Fulvius, serré de près, se cacha dans un bain public abandonné, où il fut bientôt découvert et mis à mort avec l'aîné de ses deux fils. Caïus, qui s'était abstenu de prendre part à la lutte, se réfugia dans le temple de Diane. Là, profondément affligé de voir les Romains s'entre-tuer à cause de lui, il tira son poignard pour se donner la mort. Deux de ses plus dévoués amis, Pomponius et Licinius, qui l'avaient suivi, lui arrachèrent l'arme, et l'engagèrent à s'éloigner avec eux. Caïus accepta ; mais avant de quitter le sanctuaire, il se jeta à genoux, et, les bras levés, adressa à la déesse cette odieuse prière, que seul le désespoir avait pu inspirer à un homme de son caractère : « O Diane, je te supplie de punir le peuple romain de son ingratitude et de sa trahison en le plongeant à jamais dans la servitude. » Ayant achevé ces paroles, il se leva et rejoignit ses compagnons, qui descendaient vers le Tibre.

Au moment où la petite troupe traversait le pont de bois, elle fut atteinte par les soldats d'Opimius. Avec un dévouement admirable, Pomponius et Licinius laissèrent leur chef continuer son chemin, et, postés au milieu du pont, ils se firent tuer pour en défendre le passage.

Caïus n'avait plus à ses côtés qu'un esclave, nommé Philocratès. Sur sa route, il croisait de nombreux Romains ; nul ne cherchait à l'arrêter, mais nul non plus ne le secourait. Voyant que ses ennemis le gagnaient de vitesse, il demanda à quelques cavaliers qui passaient de lui céder un cheval ; aucun d'eux ne voulut y consentir. Alors, découragé, il pénétra dans un bois consacré aux Furies, et, sortant de nouveau son poignard, ordonna à Philocratès de le lui plonger dans le cœur. L'esclave obéit, et se tua ensuite sur le corps de son maître.

Avant le combat, Opimius avait fait publier à son de trompe que les têtes de Caïus et de Fulvius seraient payées leur pesant d'or à ceux qui s'en empareraient.

Un certain Septiméléius, ancien fidèle de Caïus, disent

les uns, guerrier à la solde d'Opimius, affirment les autres, enleva celle du tribun à un soldat qui l'avait coupée, en remplaça la cervelle par du plomb fondu, et l'apporta au dictateur plantée au bout d'une pique. On lui remit la récompense promise, soit dix-sept livres deux tiers d'or. Quelques hommes arrivèrent un peu plus tard avec la tête de Fulvius, mais comme ils étaient d'obscure condition, on les renvoya sans les payer.

Les cadavres des deux vaincus furent jetés dans le Tibre, ainsi que ceux de leurs partisans, qui avaient péri au nombre de trois mille, et le trésor public confisqua les biens de tous. En outre, défense fut faite aux veuves de ces malheureux de porter le deuil, et celle de Caïus fut, par surcroît, dépouillée de sa dot. Le fils de Fulvius, arrêté au moment où il se présentait devant le Sénat, mourut, malgré son jeune âge, égorgé dans sa prison.

Le peuple, qui avait abandonné le dernier des Gracques, ne tarda pas à se rappeler les services que ces deux grands citoyens lui avaient rendus. Il leur éleva des statues, et construisit sur les lieux témoins de leur mort des édifices sacrés qui furent, pendant de longues années, aussi pieusement entretenus et aussi fréquemment visités que des temples.

Cornélie supporta son malheur avec beaucoup de fermeté et de constance. Quand elle apprit que des autels seraient dressés à la place où ses fils avaient rendu l'âme, elle prononça ces simples mots : « Ce sont bien là les tombeaux qu'ils méritaient. » Puis, elle se retira dans une maison de campagne qu'elle possédait aux environs du cap Misène, et y vécut jusqu'à sa mort, entourée d'une foule d'hommes de lettres de la Grèce et honorée des messages et des présents des plus grands rois du monde. Ses visiteurs se plaisaient à l'entretenir de son illustre père et de ses glorieux fils. Domptant sa douleur, elle racontait l'histoire de Scipion l'Africain et celle des Gracques sans émotion, sans larmes, comme si elle eût parlé de quelques grands personnages de l'antiquité.

(D'après PLUTARQUE).

X

La prise des trésors de Jugurtha.

Au cours de ses guerres contre les Carthaginois, Rome avait trouvé un allié fidèle en la personne de Massinissa, roi des Massyliens, en Numidie. Pour récompenser les services de ce prince, elle lui céda après la victoire toutes les possessions numides. A la mort de Massinissa, ses fils, Manastabal et Micipsa, se partagèrent son royaume ainsi augmenté, et furent, comme leur père, les protégés de la République. Le survivant des deux frères, Micipsa, légua à son tour la Numidie à ses fils, Adherbal et Hiempsal, et au fils de Manastabal, Jugurtha. Ce dernier, désirant régner seul, fit périr Hiempsal et déclara la guerre à Adherbal. Les Romains intervinrent, mais l'usurpateur corrompit leurs messagers et, continuant à poursuivre son rival, le battit et le tua. Appelé à Rome pour y expliquer sa conduite, Jugurtha réussit encore à gagner par ses présents un certain nombre de sénateurs et reprit librement le chemin de ses États. Deux généraux envoyés contre lui furent défaits ; mais un troisième, Métellus, lui infligea un sanglant échec sur les bords du Muthul. Le consul Caïus Marius le vainquit ensuite à deux reprises, s'empara de la plupart de ses villes, et lui porta enfin un coup terrible en prenant une redoutable forteresse où étaient conservés ses trésors (106).

Non loin du fleuve Mulucha, qui séparait la Numidie de la Mauritanie, s'élevait, au milieu d'une vaste plaine, un massif de rochers à pic d'une hauteur considérable ; sur le plateau qui couronnait ce massif, était construit un château de médiocre grandeur, auquel menait seul un étroit sentier, taillé dans les flancs de la montagne. C'était là que Jugurtha faisait garder ses trésors.

Marius investit cette redoutable forteresse. Mais il n'eût pas, sans doute, réussi à s'en emparer, si le hasard ne l'avait favorisé. La place était, en effet, garnie de nombreuses troupes, bien approvisionnée d'armes et de munitions, et alimentée par une source d'eau. De plus, les machines de guerre ne pouvaient manœuvrer sur le terrain accidenté qui l'environnait, et il était impossible de tenter l'assaut par l'unique passage qui conduisait au château. Les premiers assaillants qui s'aventurèrent le long de la montagne furent tués ou blessés, et les autres n'eurent garde d'en approcher.

Après plusieurs jours de siège, et alors que Marius, découragé, se préparait à battre en retraite, un modeste guerrier, simple soldat dans les cohortes auxiliaires, découvrit par hasard un nouveau moyen d'attaque.

Ce soldat, Ligurien d'origine, était sorti du camp pour puiser de l'eau. En passant derrière le massif, il aperçut des colimaçons qui rampaient sur les rochers. Machinalement, en se jouant, il ramassa quelques-uns de ces animaux, grimpa pour en saisir d'autres plus élevés, et peu à peu, tout à l'ardeur de sa chasse, arriva, sans y prendre garde, presque au sommet de la montagne. Une fois là, il constata avec surprise que le château était tout près de lui. Comme aucun bruit ne se faisait entendre, il n'hésita pas à se hasarder plus haut. Justement, non loin du lieu où il se trouvait, un grand chêne avait poussé dans les interstices du rocher. S'aidant tantôt des branches, tantôt des aspérités du roc, il parvint à se hisser jusqu'au plateau, et explora les alentours de la citadelle. Cela fait, il descendit comme il était monté, mais en ayant soin de bien examiner le chemin qu'il suivait.

De retour au camp, il demanda audience à Marius,

lui raconta son aventure, et lui offrit de diriger l'armée dans une escalade de ce côté. Le consul envoya quelques officiers se rendre compte sur place de la situation. D'après les rapports qui lui furent faits, il jugea que l'entreprise avait chance de réussir. Il choisit donc cinq guerriers agiles parmi ses trompettes, leur adjoignit quatre centurions vigoureux, et décida que le lendemain ces quelques hommes tenteraient l'ascension de la montagne sous la conduite du Ligurien.

A l'heure fixée, la petite phalange se mit en marche. Suivant les instructions de leur guide, tous les soldats avaient la tête découverte, pour bien voir au-dessus d'eux, et les pieds nus, afin de ne pas glisser sur les rochers. Ils portaient attaché derrière le dos, outre leur épée, un bouclier de cuir semblable à ceux des Numides, et qui, à l'avantage d'être léger, joignait celui de ne faire aucun bruit en se heurtant.

Lorsqu'on fut arrivé au pied du massif, le Ligurien prit les devants. Aux saillies de la pierre, aux bouts de racines qui pointaient çà et là, il attachait des cordes pour permettre à ses compagnons de grimper avec plus de facilité; au besoin même, s'il les voyait hésitants et effrayés, il s'approchait et leur tendait la main. Sur les pentes un peu rudes, il les débarrassait de leurs armes et s'en chargeait lui-même. Dans les passages dangereux, il s'élançait hardiment, montait et descendait à plusieurs reprises; puis, se jetant de côté, laissait avancer le reste de la troupe, encouragé et rassuré par son exemple.

Grâce au dévouement de cet obscur légionnaire, on atteignit sans trop de peine le plateau de la forteresse. Comme la veille, l'endroit était désert, les Numides ayant l'habitude de rester de l'autre côté du château où se livrait le siège. Marius, averti par ses courriers, ordonna à une bande de frondeurs et d'archers d'occuper l'ennemi en le criblant de projectiles, et se rendit avec ses autres bataillons au pied de la montagne qu'il commença à gravir.

Les Numides, fiers de leur position inexpugnable, avaient coutume de se tenir dédaigneusement campés hors de leurs remparts et de défier les assaillants. Cette fois encore, ils se riaient des efforts de l'armée romaine, traitaient Marius d'insensé, et le menaçaient, lui et les siens, des fers de Jugurtha.

Tout à coup, une sonnerie de trompettes retentit derrière le château. Les Romains, surgissant de toutes parts, fondirent sur les défenseurs de la place et les culbutèrent. Quelques instants après, la citadelle était enlevée.

(D'après SALLUSTE).

XI

Marius et Sylla.

Caïus Marius, rendu célèbre par sa victoire sur Jugurtha, fut élu consul cinq fois de suite et chargé de combattre les Teutons et les Cimbres, qui menaçaient Rome. Il vainquit ces barbares en deux grandes batailles (102-101). Au retour de cette expédition, il obtint avec peine le consulat qu'il briguait encore, et ne tarda pas à irriter le peuple par ses exactions. Obligé d'abandonner le pouvoir, il passa en Asie (99). Quelques années plus tard (90), une guerre, connue dans l'histoire sous le nom de guerre sociale, ayant éclaté entre les diverses nations de l'Italie, les Romains appelèrent Marius à leur secours. Mais l'ancien consul trouva un émule redoutable en la personne de Cornélius Sylla, jeune chef qui, déjà réputé pour sa belle conduite dans plusieurs campagnes, venait de s'illustrer en battant un fameux monarque d'Asie Mineure, Mithridate, roi du Pont. Au cours de la guerre sociale, Sylla rendit à Rome autant de services que Marius, et deux ans après (88), il fut désigné pour commander, en qualité de consul, une nouvelle armée envoyée en Asie. Marius, jaloux, intrigua contre lui et parvint à le faire rappeler. Rentré à Rome avec ses troupes, Sylla en chassa son ennemi. Marius, dont la tête avait été mise à prix, chercha d'abord asile dans les marais de Minturnes, puis se réfugia en Afrique. Profitant de l'absence de Sylla, parti de nouveau pour attaquer Mithridate, il revint à Rome et se fit proclamer consul une septième fois. Mais il mourut peu de temps après (86).

Marius, fuyant devant Sylla, était à peine sorti de Rome que la plupart de ses partisans l'abandonnèrent. Comme la nuit arrivait, il se retira dans sa maison de campagne de Solomium, voisine des domaines de son beau-père Mucius, et envoya son fils demander à ce dernier quelques provisions. Mais bientôt, craignant d'être recherché et découvert, il partit pour Ostie, où Numérius, un de ses fidèles, avait dû préparer un bateau, et s'embarqua sans retard en compagnie de son beau-fils Granius.

Pendant ce temps, le jeune Marius s'était approvisionné sur les terres de Mucius. Au moment où il se disposait à reprendre le chemin de Solomium, une bande de cavaliers, lancée à la poursuite de son père, parut au loin. L'intendant de Mucius fit cacher le jeune homme dans un chariot rempli de fèves, y attela des bœufs, et marcha au-devant des soldats, qui laissèrent passer le chargement sans rien soupçonner. A la faveur de ce stratagème, le fils de Marius put encore pénétrer à Rome, et se rendre à la maison de sa femme, où il se munit de tout ce qui lui était nécessaire. La nuit venue, il sortit de la ville, et gagnant les bords de la mer, prit passage sur un vaisseau en partance pour l'Afrique.

Le vieux Marius, lui, s'était mis à naviguer près des côtes de l'Italie. Tout à coup, une violente tempête s'éleva, et la barque qui le portait menaça de sombrer. Les matelots voulaient aborder, mais Marius s'y opposa parce qu'on se trouvait devant Terracine et qu'un des principaux habitants de cette ville, nommé Géminius, était son ennemi personnel. Cependant la tempête continuant et les soubresauts du navire fatiguant sérieusement les passagers, on dut faire halte aux environs de Circée.

Marius et ses compagnons, qui tremblaient d'être capturés s'ils se hasardaient trop avant dans les terres, rôdèrent tout le jour sur le rivage. Vers le soir, ils rencontrèrent des bouviers, qui leur apprirent qu'une troupe de soldats battait le pays à leur recherche. Épouvantés, ils s'enfoncèrent dans un bois voisin et y passèrent la nuit.

Le lendemain, tenaillés par la faim, ils longèrent la mer dans l'espoir de trouver quelque secours. Marius les encourageait, leur affirmant que, d'après les oracles, d'heureuses destinées lui étaient encore réservées. Et il leur raconta que, pendant sa jeunesse, comme il parcourait un jour la campagne où il vivait avec ses parents, une aire, garnie de sept aiglons, était tombée dans sa robe. Les devins, consultés sur cet événement singulier, avaient déclaré que l'enfant ainsi marqué par le sort, serait un des personnages les plus illustres de son temps et occuperait à sept reprises le premier rang dans la République. « Or, achevait Marius, je n'ai été jusqu'à maintenant consul que six fois ! »

Les fugitifs approchaient de la ville de Minturnes, quand ils virent venir à eux un certain nombre de guerriers à cheval. Pensant que c'étaient là des ennemis, ils rebroussèrent chemin et prirent la fuite. Justement deux barques faisaient voile à quelque distance ; dans leur désir de se mettre promptement à l'abri, ils se jetèrent à l'eau et nagèrent vers elles. Le hasard voulut que la première de ces barques appartînt à Granius ; ses matelots recueillirent donc les arrivants sans difficulté. Toutefois, comme Marius, gros et lourd, n'avançait qu'avec peine, soutenu par deux esclaves, et était encore fort éloigné, ils gagnèrent le large sans l'attendre. L'infortuné trouva, par bonheur, la seconde barque sur son passage, et les hommes qui la montaient consentirent à le prendre à leur bord.

Sur ces entrefaites, la troupe armée, qui avait accéléré sa marche, atteignait le rivage. Son chef apostropha aussitôt les marins, et les somma de précipiter leurs nouveaux passagers dans les flots ou de débarquer avec eux. Marius s'agenouilla devant les patrons du navire, et leur dévoilant sa qualité, les supplia en pleurant de ne pas le livrer. Ceux-ci, ne voulant ni avoir la honte de trahir un captif, ni courir le danger de lier leur cause à celle d'un proscrit, partirent sans obéir aux sommations qui leur étaient faites ; mais un peu plus loin, ils jetèrent l'ancre et abandonnèrent Marius sur la côte.

Descendu à terre sans défiance, car on lui avait dit que le vaisseau attendait un vent favorable pour continuer son chemin, l'ancien consul fut saisi d'un violent désespoir, lorsqu'il comprit de quelle félonie il était victime. Longtemps il resta couché sur le sable, immobile et muet. Enfin, s'efforçant de reprendre courage, il se leva et se mit à marcher. Le lieu où on l'avait laissé, voisin de l'embouchure du Liris, était couvert de profonds marais. Il erra entre ces marais, s'embourbant dans leur fange, les franchissant à grand'peine aux endroits les moins dangereux, et arriva, après plusieurs heures de route, à la cabane d'un pauvre vieillard, qui travaillait dans ces solitudes. Las et accablé, il tomba aux pieds de cet humble artisan et lui demanda instamment de le protéger. Le vieillard, soit qu'il eût déjà vu Marius, soit qu'il jugeât à son air de majesté qu'il avait à faire à un grand personnage, répondit avec beaucoup de déférence : « Noble seigneur, si c'est un abri que vous cherchez, entrez dans ma cabane. Si vous fuyez vos ennemis, je vous indiquerai une retraite plus sûre. » Marius déclara qu'il avait besoin de ne pas être découvert. Son interlocuteur l'amena alors près du Liris, le

Un Port romain.

fit étendre dans le creux d'un marais desséché, et amassa sur lui des gerbes de roseaux.

Le proscrit était là depuis quelques instants, quand un grand tumulte éclata aux abords de la cabane. Des cavaliers, envoyés de Terracine par Géminius, interrogeaient le vieillard et le menaçaient des pires châtiments s'il avait donné asile à l'homme qu'ils avaient mission d'appréhender. Marius, craignant que son sauveur effrayé ne le livrât, sortit de sa cachette, quitta ses vêtements, et se plongea dans un étang voisin. Les cavaliers le virent de loin. Ils accoururent en poussant des cris de joie, le retirèrent de l'eau souillé de boue, et le conduisirent à Minturnes, où ils le livrèrent aux magistrats.

Un décret du Sénat, transmis aux chefs de toutes les cités, ordonnait de mettre à mort l'ancien consul dès qu'il serait arrêté. Les décurions de Minturnes, assemblés pour délibérer, résolurent donc de faire périr le prisonnier sur-le-champ. Aucun citoyen romain n'ayant voulu se charger de l'exécution, on en confia le soin à un cavalier étranger, gaulois ou cimbre d'origine. Marius avait été enfermé dans la maison d'une femme, appelée Fannia; le cavalier pénétra dans sa chambre pendant qu'il reposait. La pièce était faiblement éclairée. Dans le demi-jour, l'assassin crut voir les yeux de sa victime, subitement réveillée, lancer des traits de flamme; en même temps, du lit où Marius était couché, une voix terrible s'éleva : « Misérable, disait cette voix, oseras-tu immoler Caïus Marius! » Le guerrier, fou de terreur, laissa échapper le glaive qu'il tenait à la main, et se précipita au dehors en criant : « Non, non, je ne puis tuer Caïus Marius ! »

Cette aventure remplit tous les habitants de la ville d'étonnement d'abord, de pitié et de repentir ensuite.

Les magistrats rougirent d'avoir condamné à mort le glorieux général qui avait autrefois sauvé l'Italie, et affirmèrent que tous les bons Romains devaient non seulement épargner, mais secourir un pareil homme. « Qu'il parte, s'écrièrent-ils, qu'il aille accomplir loin de notre pays sa triste destinée ! Et il nous faudra encore demander aux dieux de ne pas nous punir pour avoir chassé ce grand citoyen. » Assemblés en corps, ils se rendirent à la maison où était gardé Marius, se pressèrent autour de lui, et l'accompagnèrent au bord de la mer. Là, un certain Béléus lui amena un vaisseau, et on le fit embarquer, après lui avoir fourni tout ce dont il avait besoin.

Marius alla prendre dans l'île d'Énarie Granius et les autres gens de sa suite, qui y avaient cherché refuge ; puis il se dirigea du côté de l'Afrique. En vue des terres siciliennes, le manque d'eau le contraignit à relâcher sous les murs de la ville d'Érix. Le questeur romain qui commandait la région accourut aussitôt pour l'arrêter ; le malheureux eut à peine le temps de regagner son navire. Ne sachant trop que devenir, il aborda à l'île de Méninge, où il apprit que son fils avait trouvé asile et protection auprès du roi de Numidie, Hiempsal. Il pouvait espérer, à plus d'un titre, recevoir également de ce prince un accueil favorable ; aussi résolut-il d'aller à sa cour, et dans ce but, il vint débarquer aux environs de Carthage.

Le gouverneur de l'Afrique, Sextilius, n'avait aucune animosité personnelle contre Marius. Instruit de son arrivée, il ne crut pas devoir le poursuivre impitoyablement, mais il ne voulut pas non plus le laisser s'engager sur le territoire soumis à sa garde. Il lui dépêcha donc un de ses licteurs, chargé d'un message ainsi conçu :

« Le gouverneur invite Marius à sortir de l'Afrique. S'il persistait à y demeurer, on exécuterait les décrets du Sénat et on le poursuivrait comme un ennemi de Rome. »

Marius, qui comptait être traité par Sextilius, sinon avec bienveillance, du moins avec ménagement, fut atterré par cette brutale sommation. Il resta longtemps silencieux, et ne prit enfin la parole que sur la demande de l'envoyé. Alors d'une voix brisée, triste, lamentable : « Va dire à ton maître, prononça-t-il, que tu as vu Marius assis sur les ruines de Carthage. » Quel spectacle, en effet, que celui de cet illustre Romain errant, misérable et dépouillé de tout, au milieu des monuments écroulés de la cité d'Annibal !

Cependant, malgré les menaces du gouverneur, Marius ne partit point. Il s'établit dans les champs de Carthage, et y fut rejoint par son fils, qui, redoutant une trahison, s'était enfui de la cour d'Hiempsal. Un jour que les deux proscrits parcouraient en causant la plage déserte où était installé leur camp, ils aperçurent deux scorpions qui se battaient. Ce fait, insignifiant en apparence, constituait, d'après les lois de la divination, un présage de mauvais augure. Marius, effrayé, décida de quitter sans retard le sol africain. Il monta sur un bateau de pêcheur, et se fit conduire dans l'île de Cercina, située à quelques milles du continent.

Dans cette retraite, des nouvelles favorables lui arrivèrent. En l'absence de Sylla, qui guerroyait en Asie, les deux consuls romains, Cinna et Octavius, en étaient venus aux mains et se disputaient le pouvoir. Marius rassembla une petite troupe de guerriers numides et, prenant la mer, vint aborder au port de Télamon, en Étrurie. Là, il fit publier à son de trompe qu'il accorderait la liberté aux esclaves qui se rangeraient sous ses ordres. Les laboureurs et les bergers de la contrée répondirent en masse à son appel, et il put s'embarquer pour l'Italie à la tête d'une armée de sept mille hommes environ.

Connaissant Cinna comme un homme dénué de tout scrupule, ce fut avec lui qu'il entra en pourparlers. Il lui offrit d'unir ses forces aux siennes pour lutter contre Octavius. Cinna accepta avec joie. Marius, toujours adroit et valeureux malgré ses soixante-dix ans, enleva promptement un grand nombre de villes maritimes, pilla Ostie, et mit le siège devant Rome.

Octavius essaya vainement de résister ; le Sénat, au comble de l'épouvante, ouvrit les portes de la cité à son ancien chef. Marius célébra son triomphe par d'odieux massacres : pendant plusieurs jours, ses soldats parcoururent les rues de Rome, égorgeant impitoyablement les citoyens qu'il leur désignait.

Sur ces entrefaites, on apprit que Sylla, vainqueur de Mithridate, rentrait en Italie. Marius se fit nommer consul pour la septième fois et se prépara à combattre son rival. Mais bientôt de violentes terreurs l'assaillirent. Il redoutait l'attaque de ce Sylla qui avait jadis triomphé de lui et qu'accompagnait maintenant une armée aguerrie. La nuit, des songes affreux le tourmentaient ; réveillé en sursaut, il croyait entendre une voix menaçante lui crier : « Malheur à celui qui ose occuper le gîte du lion ! » D'autres fois, il frémissait en songeant qu'il se verrait peut-être, de nouveau, obligé de fuir et traqué comme une bête féroce.

Pour oublier ses chagrins, il se plongea dans des excès de table et de boisson, qui, étant donné son grand âge, le conduisirent au tombeau. Le dix-septième jour de son consulat, dit le philosophe Posidonius, il fut emporté par une pleurésie.

D'après Caïus Pison, il aurait volontairement hâté sa fin. Un soir, affirme cet historien, Marius se promenait avec ses amis; tout à coup, il se prit à leur raconter les événements de sa vie; puis, il les embrassa, et les quitta en s'écriant : « Voilà quels ont été pour moi les coups de la fortune ! Après cela je serais insensé de me fier à elle. » Quelques instants plus tard, on le trouva couché dans son lit, où il rendit l'âme au bout de sept jours.

(D'après PLUTARQUE).

XII

La défaite de Catilina.

Lucius Catilina, noble romain pervers et débauché, rêva de s'emparer du pouvoir. Dans ce but, il gagna à sa cause de nombreux partisans, la plupart ambitieux et perdus de vices comme lui, et essaya de se faire nommer consul. Ayant échoué, il forma une vaste conspiration, qui ne tendait à rien moins qu'à mettre à mort les gouvernants, à piller le trésor et à incendier Rome. Cicéron, alors consul, découvrit le complot et le dévoila en plein sénat (63). Catilina s'enfuit de la ville et alla prendre la direction d'une armée qu'il avait réunie en Etrurie. Le consul Antonius Népos marcha contre lui et, avec l'aide du préteur Métellus Céler, le défit et le tua à Pistoie (62).

Aux prises depuis quelque temps avec l'armée d'Antonius, Catilina évitait d'engager une action décisive et amusait l'ennemi par des mouvements continuels. Solidement établi dans les montagnes de l'Étrurie, il feignait tantôt de se porter sur l'Italie, tantôt de battre en retraite du côté de la Gaule. Son plan était d'attendre que ses partisans restés à Rome eussent fait aboutir la conjuration, de façon à agir avec plus de chances de succès.

Mais soudain, on apprit que les chefs du complot avaient été découverts et mis à mort. Catilina fut alors abandonné par la plupart de ses soldats et n'eut d'autre

ressource que de prendre la fuite. A la tête des quelques
milliers d'hommes qui lui étaient demeurés fidèles, il
escalada les sommets voisins et se dirigea vers Pistoie,
dans le dessein de chercher refuge en Gaule.

Antonius se lança sur ses traces. Mais, gêné par le
nombre de ses troupes qui ne pouvaient manœuvrer à
l'aise dans une région accidentée, il n'eût pu, sans
doute, parvenir à l'atteindre, si une aide imprévue ne
lui était arrivée. Dans la Gaule Cisalpine était campé,
avec des forces considérables, le préteur Métellus Céler.
Informé de ce qui se passait, Métellus gagna les champs
de Pistoie et y attendit le fugitif. Celui-ci se trouva
de la sorte brusquement arrêté dans sa marche, tandis
que, par derrière, l'armée poursuivante le rejoignait.

En dépit de ses vices, Catilina ne manquait pas de
vaillance. Quand il se vit dans cette situation critique,
il prit le seul parti honorable qui lui restât : celui de
courir sus à l'ennemi et de lutter en désespéré.

Rassemblant ses compagnons d'armes, il leur adressa
cette chaleureuse harangue :

« Soldats, je sais que le discours d'un général ne
transforme pas un lâche en héros, ni une faible armée
en armée aguerrie ; aussi je ne vous ai réunis que pour
vous donner quelques instructions et vous exposer les
motifs de la décision que j'ai prise.

» Soldats, vous voyez notre position. Du côté de la
Gaule comme du côté de Rome, une armée nous barre
le chemin ; force nous est donc de nous ouvrir un passage
par le fer. Je vous conjure de montrer du courage.
Souvenez-vous, en allant au combat, que vous pouvez
conquérir les richesses, les distinctions, la gloire, la
liberté. Si nous vainquons, en effet, nous trouverons des
vivres en abondance, des cités et des champs pour nous

recevoir; si, au contraire, la terreur nous fait lâcher pied, nous n'aurons aucun ami pour nous secourir, aucun toit pour nous abriter. -

» Soldats, lorsque je vous considère et que je me rappelle vos actions, j'ai grandement l'espoir de triompher. Votre âge, votre force, votre valeur me donnent confiance. Ne vous préoccupez pas du nombre de vos adversaires, dans les défilés où nous sommes, il est à dédaigner.

Et maintenant, si, contre toute attente, la fortune ne nous servait pas, je vous supplie de ne pas mourir sans vengeance. Plutôt que de vous laisser capturer pour être ensuite égorgés comme de vils troupeaux, résistez en braves que vous êtes et que l'ennemi paie sa victoire par des larmes et du sang. »

Ce discours achevé, Catilina se mit en marche pour attaquer Antonius.

Les deux armées se rencontrèrent en pleine montagne, sur un plateau bordé de roches escarpées. Afin d'augmenter le dévouement et le zèle de ses guerriers en rendant le péril égal pour tous, Catilina renvoya tous les chevaux, y compris celui qu'il montait; puis il forma sa ligne de bataille avec soin, se plaçant lui-même, entouré d'un petit bataillon d'élite, au front des cohortes, tout près de l'aigle.

Dans l'autre camp, Antonius, malade, avait dû remettre le commandement à Caïus Petreius, son lieutenant. Ce Petreius était un chef estimé qui faisait campagne depuis plus de trente ans et savait gagner la confiance du soldat. Avant d'en venir aux mains, il parcourut à cheval les rangs de son armée et exhorta vigoureusement ses hommes. « Sachez bien, leur dit-il, que vous allez vous mesurer avec des brigands mal équipés et défendre contre eux votre patrie, vos autels, vos foyers. Pour une telle cause et après tant de victoires, succomberiez-vous? Je ne puis pas le croire. »

Ainsi préparée, la bataille devait être acharnée. Ce fut, en effet, avec beaucoup d'impétuosité que les deux partis se jetèrent l'un sur l'autre et avec une remarquable énergie qu'ils soutinrent la lutte. Catilina, toujours à la place la plus périlleuse, entretenait l'ardeur des siens, les soutenait, les dirigeait, et se battait comme un lion. Les révoltés ne succombèrent qu'écrasés par le nombre. Catilina resta debout un des derniers; quand il n'eut plus à ses côtés qu'une poignée d'hommes, il se précipita au milieu des lignes ennemies et y tomba percé de coups.

Après la bataille, on constata que les soldats de l'armée conjurée n'avaient pas reculé d'un pied et que tous étaient tombés, frappés par-devant, à l'endroit qu'ils occupaient lorsque le combat s'était engagé. Pas un, non plus, n'avait été fait prisonnier, ni durant la mêlée, ni pendant la déroute.

Catilina fut trouvé sur un monceau de cadavres, respirant encore et conservant sur ses traits l'air d'intrépidité qu'il avait toujours eu.

Du côté des vainqueurs, le nombre des morts et des blessés fut si grand que c'est à peine si on osa se réjouir du succès obtenu.

(D'après SALLUSTE).

XIII

Le meurtre de Pompée.

Après avoir formé, en compagnie de Crassus, le premier triumvirat (60), César et Pompée devinrent ennemis. Contraint d'abandonner l'Italie devant son rival, Pompée s'enfuit en Grèce (49). César l'y rejoignit et, après l'avoir attaqué aux environs de Dyrrachium, le battit dans les plaines de Pharsale. Pompée en fut réduit à demander asile au roi d'Égypte Ptolémée XII, dont il avait autrefois rétabli le père sur le trône. Cédant aux conseils de ses ministres qui craignaient de se compromettre en accueillant le vaincu, Ptolémée accepta de le recevoir, mais le fit assassiner au débarquement (48).

Ce fut au général Achillas que les ministres égyptiens confièrent la mission d'assassiner Pompée. Pour accomplir le crime, Achillas s'assura le concours de deux Romains, Septimius et Salvius, qui avaient servi autrefois sous leur future victime, l'un comme chef de bande, l'autre comme centurion. Les trois complices montèrent avec quelques esclaves dans une barque de pêcheurs, et se dirigèrent vers les galères romaines, arrêtées en face du port de Péluse.

A la vue de ces quelques hommes, les compagnons de Pompée, qui, d'après les assurances données à leurs envoyés, comptaient être reçus splendidement, furent pris de défiance et engagèrent leur chef à regagner la

Colonne de Pompée, à Alexandrie

haute mer. Mais avant qu'on eût eu le temps de rien
décider, la barque d'Achillas arriva à portée de la voix.

Septimius se leva et souhaita la bienvenue au fugitif
en langue romaine. Achillas salua à son tour en langue
grecque et pria Pompée de descendre dans son bateau
pour aller jusqu'au rivage, car la vase et les bancs de
sable empêchaient les galères d'approcher davantage.

Au même moment, on vit paraître les vaisseaux du roi
et de nombreuses troupes garnir les bords de la mer,
ce qui rendait toute retraite impossible.

Pompée embrassa sa femme Cornélie, déjà en larmes
comme s'il était mort, et passa dans la barque égyp-
tienne en compagnie de deux centurions de son armée,
de Philippe, un de ses affranchis, et de Scyné, un de ses
esclaves. Achillas le reçut en lui tendant la main. Pompée
regarda alors tristement les siens et leur récita ce vers de
Sophocle :

> Dans la cour d'un tyran, quiconque s'est jeté,
> Quelque libre qu'il soit, y perd la liberté.

La côte était assez éloignée. Pendant le trajet, Achillas
et ses compagnons ne prononcèrent pas une parole.
Embarrassé, Pompée se tourna vers Septimius, qu'il
avait cru reconnaître, et lui dit : « Mon ami, si je ne
me trompe, tu as jadis fait la guerre avec moi. » Le
soldat répondit par un signe de tête affirmatif, sans
ajouter un mot, sans donner à son ancien général la
moindre marque d'intérêt. Le silence ne fut plus rompu.
Pompée tira ses tablettes, où il avait écrit, en grec, un
discours qu'il voulait adresser à Ptolémée, et s'absorba
dans leur lecture.

Quand on toucha terre, l'affranchi Philippe présenta
le bras à son maître pour qu'il pût se lever avec moins

de peine. A ce moment, Septimius se glissa derrière Pompée et lui plongea son glaive dans le dos. En même temps, Salvius et Achillas s'avançaient, l'épée hors du fourreau. Pompée ne fit entendre aucune plainte, aucun cri ; il saisit sa robe à deux mains, s'en cacha le visage, et attendit la mort avec une stoïque fermeté.

Des galères romaines, l'infortunée Cornélie, son fils Sextus et tous les guerriers du triumvir avaient suivi le drame. Désespérés, ils levèrent l'ancre et s'enfuirent en poussant d'affreux gémissements.

Les assassins décapitèrent le corps de leur victime et le précipitèrent au milieu des flots. L'affranchi Philippe recueillit le lendemain cette triste dépouille, que la mer avait rejetée, et la brûla sur un bûcher construit avec les débris d'un bateau.

La tête avait été remise à Ptolémée et fut conservée pour être offerte à César.

(D'après PLUTARQUE).

XIV

L'assassinat de César.

Devenu, par la gloire qu'il avait acquise, l'idole du peuple et du Sénat, Jules César fut nommé dictateur à vie (45). Ses ennemis l'accusèrent de prétendre à la royauté, et une conspiration se forma contre lui sous la conduite de Cassius Longinus et de Junius Brutus. Le jour des ides de mars (15 mars) de l'an 44, César fut assailli en plein sénat et criblé de coups d'épée. Brutus, aveuglé par son amour pour la république, ne craignit pas de frapper lui-même le dictateur, bien qu'il eût été comblé de ses bienfaits.

De nombreux présages avaient, dit-on, instruit César de sa fatale destinée. Un jour qu'un sacrifice était offert sur son ordre, il se trouva que la victime n'avait pas de cœur, ce qui constituait un prodige de mauvais augure. Une autre fois, un devin lui annonça qu'aux ides de mars de grands dangers le menaceraient. La veille de ces ides, comme il soupait chez Lépidus, on lui demanda quel était le genre de mort qu'il préférait : « La mort la moins attendue, » répondit-il vivement. La nuit suivante, pendant qu'il reposait, les portes et les fenêtres de sa chambre s'ouvrirent tout à coup sans que nul y eût touché, et réveillé par le bruit, il entendit sa femme Calpurnia se lamenter : la malheureuse, encore endormie, rêvait qu'on lui apportait son époux égorgé.

Le lendemain, César devait présider les délibérations du Sénat. Calpurnia le supplia instamment de n'en rien faire. « Si tu ne veux pas croire à mes songes, ajouta-t-elle pour le convaincre, emploie au moins d'autres divinations, et interroge l'avenir dans les entrailles des victimes. » César, qui savait Calpurnia exempte des faiblesses et des superstitions de son sexe, fut troublé de ses craintes et prit, comme elle le désirait, l'opinion des devins. Après avoir consulté plusieurs fois les oracles, ceux-ci affirmèrent que les indices étaient mauvais. César résolut alors d'envoyer son lieutenant Antoine congédier le Sénat.

A ce moment, survint un des conjurés, Décimus Brutus, que le dictateur aimait beaucoup et dont il suivait volontiers les conseils. Informé de la décision qui venait d'être prise, Décimus fut très ému, car un retard pouvait faire échouer le complot. Il feignit de s'étonner que César ajoutât foi à des prédictions et lui représenta que le Sénat n'accepterait pas sans murmure la remise de l'assemblée, peut-être même considérerait-il la mesure comme contraire à sa dignité. « Les sénateurs, dit-il à son maître, se sont réunis sur ta convocation. Bien disposés pour toi, ils ne demandent qu'à te reconnaître roi des provinces éloignées et à te laisser porter le diadème hors de Rome. Combien ceux qui te jalousent ne feront-ils pas entendre de critiques, si maintenant que chacun a déjà pris sa place, on vient donner l'ordre de lever la séance et de la rouvrir un jour où il aura plu à Calpurnia d'avoir des songes plus heureux ! On t'accusera de tyrannie, et tes amis auront peine à te défendre. Si tu persistes à croire ce jour funeste, viens au moins, en personne, dissoudre l'assemblée. »

César se laissa convaincre et sortit. Comme il traver-

sait la foule, massée, suivant la coutume, pour l'acclamer et lui remettre des suppliques, un érudit, qui tenait,
à Rome, une école de lettres grecques, Artémidore de
Cnide, lui présenta un billet en disant : « César, lis ce
papier seul et promptement, car il renferme des avis
que tu as intérêt à connaître. » Artémidore, lié avec un
certain nombre de conjurés, avait découvert leurs projets, et il les dévoilait dans son écrit. César, ému des
paroles qu'il venait d'entendre, garda le billet au lieu
de le confier comme les autres à ses licteurs, et essaya
plusieurs fois d'y jeter les yeux ; mais la foule qui le
pressait l'en empêcha, et il parut au Sénat l'ayant encore
à la main.

Comme d'habitude, les membres de l'assemblée se
levèrent respectueusement à l'entrée de leur chef. Pendant ce mouvement, quelques-uns des conjurés vinrent
se placer derrière le siège de César, et les autres allèrent
à sa rencontre, sous prétexte d'appuyer dans ses prières
Tullius Cimber, un des leurs, qui désirait obtenir le
rappel de son frère exilé. César gagna sa place en les
écoutant et repoussa leur demande au moment où il
s'asseyait. Puis, comme les solliciteurs continuaient à
l'importuner, il leur exprima son mécontentement en
quelques paroles très vives.

Tullius s'avança alors, et saisissant la toge du dictateur, la lui arracha des épaules. C'était le signal de
l'attaque. Casca, un des principaux membres du complot, sortit brusquement son épée et en frappa César
près du cou. Celui-ci arrêta le bras du meurtrier, et le
regardant en face : « Scélérat, lui dit-il, que fais-tu? »
Casca, sans répondre, se retourna vers les siens et cria
à son frère : « Mon frère, protège-moi ! »

A cet appel, tous les conjurés se précipitèrent sur

leur victime le glaive à la main. César essaya vainement
de se défendre. Poursuivi, cerné comme une bête féroce
que traquent les chasseurs, il tomba percé de mille
coups. Le malheureux se tordait à terre, criant et gé-
missant, que les assassins, pris d'une sorte de rage exta-
tique, le frappaient encore. Junius Brutus, lui-même,
s'approcha de celui qui avait été son bienfaiteur et lui
plongea son épée dans l'aine. A cette vue, César poussa
un cri de désespoir, et se couvrant la tête de sa toge,
n'opposa plus aucune résistance à ses adversaires.

Soit hasard, soit intention de la part des conjurés, son
corps ensanglanté fut traîné jusqu'au pied de la statue de
Pompée, et ce fut là qu'il rendit le dernier soupir.

(D'après PLUTARQUE).

XV

La mort d'Antoine et de Cléopâtre.

Dans le second triumvirat, formé à Rome, peu de temps après la mort de César, entre Octave, Lépide et Antoine (43), ce dernier reçut en partage le gouvernement de la Grèce et de l'Asie. Séduit par les charmes de la fameuse reine d'Egypte, Cléopâtre, il délaissa pour elle sa femme Octavie, sœur d'Octave. Bientôt après, trahissant les intérêts dont il avait la charge, il abandonna à son amante une partie des conquêtes romaines. Avec l'autorisation du Sénat, Octave marcha contre lui et lui livra, près d'Actium, une grande bataille navale (31). Antoine, vaincu, s'enfuit à Alexandrie avec Cléopâtre et fit des propositions de paix ; il demandait pour la reine, que, selon toute probabilité, il avait fini par épouser, la libre possession du royaume d'Égypte, et pour lui, le droit de se retirer à Athènes. Octave ne répondit qu'en s'avançant sur Alexandrie. Antoine et Cléopâtre échappèrent alors par le trépas au sort funeste qui les attendait.

Lorsque, après la bataille d'Actium, Octave eut mis le siège devant Alexandrie, Antoine s'apprêta courageusement à lui tenir tête. Malgré le désastre qu'il venait de subir et la défection presque générale de ses armées, il espérait encore remporter l'avantage. Il avait pu réunir, en effet, des troupes assez nombreuses, et quelques jours auparavant, dans une vigoureuse sortie, sa cavalerie avait culbuté sans peine la cavalerie romaine. Mais quand il voulut livrer à son rival une bataille décisive, la plupart de ses soldats passèrent à l'ennemi, et les autres, effrayés, se débandèrent. Antoine, persuadé qu'il était trahi par Cléopâtre, rentra dans la ville plein d'une sombre fureur, et courut au palais en criant qu'il allait tuer cette femme déloyale.

La conduite passée de la reine d'Égypte, les pourparlers suspects qu'elle avait entretenus avec Octave, justifiaient ces soupçons. Reprise de tendresse pour son mari, elle était cependant absolument innocente de l'échec de cette journée.

A la nouvelle des menaces d'Antoine, elle n'en fut pas moins terrifiée, car elle savait le bouillant général implacable dans ses colères. Elle quitta son palais pour se réfugier dans une sépulture que, d'après ses ordres, on avait construite sur le bord de la mer, à l'extrémité du cap Lochias, et commanda à ses esclaves de dire partout qu'elle était morte.

Antoine crut à ces bruits sinistres, et son exaltation tombant soudain pour faire place au désespoir, il résolut d'en finir également avec la vie. Auprès de lui, se trouvait un esclave fidèle, nommé Éros, qui, sur sa demande, avait juré depuis longtemps de le tuer lorsqu'il en recevrait l'ordre. Antoine l'appela et, arrachant sa cuirasse, le somma d'accomplir son serment. Éros tira son épée comme pour obéir, mais au moment de frapper, il tourna l'arme contre lui-même et roula expirant aux pieds de son maître. Le triumvir contempla avec émotion ce généreux serviteur; puis, toujours affolé par le chagrin :

« Brave Éros, s'écria-t-il, ton exemple doit me guider ! Ce que tu n'as pas eu la force de faire, je le ferai moi-même. » Et saisissant l'épée, il se la plongea à son tour dans la poitrine.

La blessure n'était pas assez grave pour amener immédiatement la mort. Couché sur son lit, Antoine reprit ses sens. Il supplia alors ceux qui l'entouraient de l'achever, mais tous s'éloignèrent épouvantés.

Informée de ce qui s'était passé, Cléopâtre envoya son secrétaire, Diomède, chercher le blessé pour le conduire auprès d'elle. Quelques esclaves prirent Antoine sur leurs bras et le portèrent à l'entrée du sépulcre. Cléopâtre, qui s'était abritée en abattant les herses de son refuge, ne permit pas qu'on les levât; elle descendit par une fenêtre des chaînes et des cordes avec lesquelles on attacha le triumvir, et aidée de deux de ses femmes qui l'avaient accompagnée dans sa retraite, elle le hissa vers elle.

Le spectacle était atroce. Antoine, souillé de sang et à demi mort, s'élevait lentement, tendant vers son épouse ses mains défaillantes, et celle-ci, les bras raidis, le visage contracté, employait toutes ses forces à monter ce lugubre fardeau.

Quand le mourant eut été introduit dans le tombeau, Cléopâtre le fit coucher; puis, elle se jeta sur lui en pleurant, l'appela son maître, son époux, son chef suprême, baisa sa blessure, et en étancha le sang avec son visage. Antoine essaya d'apaiser le chagrin de la reine; ensuite il demanda du vin, soit que la soif le tourmentât, soit qu'il espérât en buvant abréger ses souffrances. Lorsqu'il eut vidé la coupe qu'on lui remit, il engagea Cléopâtre à se préoccuper de son salut, et la supplia de ne pas s'affliger sur lui, mais de se réjouir, au contraire, de ce qu'il avait été durant sa vie illustre et puissant parmi les hommes, et surtout de ce qu'il ne finissait, lui Romain, que vaincu par un Romain. En prononçant ces dernières paroles, il expira.

Pendant ce temps, Octave avait pénétré dans la ville.

Son premier soin fut d'envoyer deux de ses officiers, Proculeius et Gallus, se saisir de la reine d'Égypte, dont on lui avait dévoilé l'asile.

Cléopâtre refusa de se livrer, et déclara aux soldats romains que si on cherchait à s'assurer de sa personne par la violence, elle se tuerait sur-le-champ. Malheureusement pour elle, Proculeius aperçut la fenêtre qui avait donné passage à Antoine; il l'escalada et sauta brusquement dans le tombeau. A sa vue, Cléopâtre tira un poignard qu'elle portait à sa ceinture, mais avant qu'elle eût eu le temps de se frapper, l'officier se jeta sur elle et la désarma.

L'infortunée princesse fut ramenée de force au palais. Épuisée par les émotions qu'elle venait de subir, elle y tomba gravement malade. Durant quelques jours, elle espéra que la mort viendrait d'elle-même la délivrer, et pour s'enlever toute chance de guérison, elle ne voulut prendre ni remèdes, ni aliments. Pourtant, Octave l'ayant menacée de faire périr ses enfants si elle succombait, elle finit par se soigner et se rétablit.

Dès lors, prisonnière dans cette somptueuse demeure des Lagydes où elle avait passé tant de jours heureux et triomphants, la souveraine dépossédée vécut des heures bien tristes. Un seul espoir lui restait : captiver son vainqueur du moment, comme elle avait captivé Jules César et Marc-Antoine. Ce fut le but qu'elle décida de poursuivre. Certes, elle avait déjà trente-neuf ans, et la maladie avait privé ses traits d'une partie de leur éclat; mais elle était séduisante encore et toujours habile à jouer le rôle d'enchanteresse.

Bien que depuis son arrivée à Alexandrie, Octave n'eut jamais paru en sa présence, elle était persuadée qu'il ne prendrait aucune décision à son égard sans lui rendre

visite. Au cours de sa longue convalescence, comme elle
reposait une après-midi sur son lit, on l'informa, en
effet, que le jeune imperator désirait la voir. Elle se leva
à son entrée, et toute gracieuse dans sa tunique flottante,
courut se jeter à ses pieds. Octave l'invita à se recoucher
et prit place à son chevet.

L'astucieuse reine se mit aussitôt à l'entretenir avec
une habileté et un art infinis. Tout d'abord, elle s'efforça
de le flatter en parlant longuement de lui, de sa gloire,
de sa puissance; puis, elle gémit sur ses propres malheurs
et attribua à Antoine la responsabilité des fautes qu'elle
avait commises; enfin, la voix brisée de larmes, elle
évoqua le souvenir de César : « O mon héros, s'écria-
t-elle, que ne suis-je morte avant toi ! » Et tirant de son
sein quelques tablettes qu'elle baisa avec amour : « Tiens,
Octave, reprit-elle, lis ces lettres, et tu verras combien
ton père me chérissait. »

Le triumvir l'écouta impassible. De temps à autre, il
l'interrompait par quelques mots brefs, soit pour relever
une affirmation qui le choquait, soit pour lui adresser
de vagues consolations. Quand elle se fut tue, il se leva,
et la saluant avec beaucoup de froideur : « C'est bien,
reine, prononça-t-il. Aie confiance, on ne te fera aucun
mal. »

Cléopâtre vit nettement qu'elle avait échoué dans ses
tentatives de séduction, et, se comprenant perdue sans
ressource, elle songea de nouveau à fuir ses malheurs
par la mort. Quelques jours plus tard, un jeune homme
de l'armée romaine, nommé Cornélius Dolabella, qu'elle
avait réussi à intéresser à son sort, lui fit savoir que
dans trois jours elle partirait pour Rome avec ses enfants.
Cette nouvelle la confirma dans sa résolution.

Elle sollicita d'Octave l'autorisation d'aller visiter le

tombeau du cap Lochias, où Antoine avait été enseveli, et s'y rendit accompagnée de ses femmes. Suivant l'usage, elle versa des libations en l'honneur du mort ; puis, se laissant tomber sur la pierre du sépulcre, elle éclata en lamentations. « Cher Antoine, s'écria-t-elle, je t'ai fait déposer dans cette dernière demeure, libre encore ; maintenant je rends ces devoirs à tes tristes restes, captive et gardée à vue. Désormais, n'attends plus de ma part d'autres honneurs, car on veut m'arracher de ces lieux. Si de notre vivant, rien n'a pu nous éloigner l'un de l'autre, nous serons séparés dans la mort. Toi, Romain, tu reposeras sous cette terre d'Égypte, et moi, malheureuse, je trouverai en Italie une sépulture indigne de mon rang. Ah ! puisque nos dieux nous ont trahis, si ceux de ton pays ont quelque puissance, ne délaisse pas ta femme vivante, ne souffre pas qu'on se serve d'elle pour triompher de ta défaite. Cache-moi à tes côtés permets-moi de partager ta tombe, car de tous les maux qu'il me faut supporter, le plus grand et le plus affreux est de vivre sans toi. »

Après avoir couronné le tombeau de fleurs, elle rentra au palais et se fit préparer un bain. Au sortir de ce bain, elle se mit à table et ordonna qu'on lui servît un somptueux dîner. Comme le repas touchait à sa fin, elle prit ses tablettes, où elle avait écrit une lettre, et les envoya à Octave ; puis, elle congédia tous ses gens, à l'exception des deux suivantes qui restaient toujours avec elle, et ferma les portes de son appartement.

Peu d'instants après, des serviteurs d'Octave arrivèrent en toute hâte. Dans sa lettre, Cléopâtre demandait à être enterrée auprès d'Antoine, et cette sinistre supplique avait révélé au triumvir les funestes intentions de sa captive. On fit ouvrir les portes mais la reine avait déjà

succombé. Elle était étendue sur un lit d'or, revêtue de
ses ornements royaux. A ses pieds, une de ses femmes,
Iros, gisait morte; l'autre, Charmium, se soutenant à
peine, arrangeait pieusement le diadème de sa maîtresse. « Voilà qui est beau, Charmium! » s'écria avec
fureur un des officiers romains. « Oui, très beau, répondit la servante en se redressant. C'est ainsi que devait
agir la descendante de tant de rois. » En achevant ces
mots, elle tomba sans vie sur le sol.

Pendant le repas de Cléopâtre, un homme de la campagne s'était présenté au seuil du palais, porteur d'un
grand panier, et avait déclaré aux gardes qui l'interrogeaient qu'il venait livrer des figues achetées pour le
dîner. Sur cette réponse, on l'avait laissé entrer sans
défiance. Or, ce panier avait été commandé, dit-on, par
la reine, et un aspic y était caché. Cléopâtre comptait
se faire piquer par l'animal en choisissant les fruits;
mais dès qu'elle eut ouvert la corbeille, le reptile
s'offrit à sa vue : « Le voilà donc ! » s'écria-t-elle. Et
avec un grand courage, elle exposa son bras à la mor-
sure. Au bout de quelques minutes, elle rendait l'âme.

D'autres affirment que la veuve d'Antoine conservait
cet aspic dans un vase, et qu'elle l'obligea à se jeter sur
elle en l'agaçant avec un fuseau d'or. Quelques-uns,
enfin, attribuent sa mort à l'absorption d'un poison
qu'elle gardait dans une aiguille creuse, piquée à sa
chevelure.

En réalité, un mystère plana sur ce trépas, bien digne
d'une femme qui, après avoir vécu longtemps puissante
et adulée de tous, ne pouvait finir ses jours vaincue et
dédaignée.

(D'après PLUTARQUE).

XVI

La mort d'Auguste.

Après la disparition d'Antoine, Octave devint tout puissant à Rome. On lui décerna successivement, avec les titres d'imperator, de prince du Sénat et de grand pontife, l'autorité proconsulaire, la puissance tributienne et le consulat à vie (29 à 13 av. J.-C.). Il en profita pour changer insensiblement la république en un gouvernement monarchique, dont il fut le chef sous le nom d'Auguste. A sa mort (14 après J.-C.), l'empire était établi, et il put dire avec justice aux courtisans qui l'assistaient dans ses derniers moments « qu'il avait bien joué la comédie. »

La mort d'Auguste fut, dit-òn, annoncée par les prodiges les plus éclatants. Un jour que le nouveau maître de Rome présidait au champ de Mars une des fêtes qui, suivant un antique usage, marquaient la fin de chaque lustre d'années, un aigle vola dans sa direction, et après avoir tournoyé à ses côtés, alla se poser au-dessus de la première lettre du nom d'Agrippa, inscrit sur le fronton d'un temple voisin. L'empereur, très ému, refusa de prononcer de sa bouche la formule sacrée qui plaçait le lustre à venir sous la protection des dieux, et comme on insistait, il s'écria avec humeur : « Non, non, je ne veux pas commencer ce que je ne dois pas finir. » Presque à la même époque, la foudre tomba sur sa statue,

La Voie Appienne (commencée par Appius Claudius, continuée par César et achevée par Auguste).

et détruisit la lettre initiale du mot *César*, que portait le socle. L'oracle, consulté au sujet de cet événement, déclara qu'Auguste ne vivrait plus que cent jours, car la lettre *C* égalait ce nombre, et qu'il serait mis au rang des dieux, parce que le mot *ésar*, qui était maintenant gravé sur la pierre, signifiait dieu en langue étrusque.

L'empereur partit de Rome peu de temps après pour accompagner jusqu'à Bénévent Tibère, son fils adoptif, qui se rendait en Illyrie. Il s'embarqua de nuit à Astura. A peine était-il en mer qu'il se sentit souffrant. Il voulut cependant poursuivre son voyage, et, cotoyant la Campanie et les îles avoisinantes, vint aborder à Caprée, où il fit un séjour des plus gais. Dans ce pays, résidaient de nombreux jeunes gens; Auguste les convia à des festins magnifiques, et se divertit fort en leur compagnie.

De Caprée, l'empereur gagna Naples et y assista aux jeux quinquenaux, établis jadis pour célébrer sa gloire. Il se rembarqua ensuite et mit le cap sur Bénévent.

Après être resté quelques jours dans cette dernière ville, il reprit le chemin de Rome. Pendant la traversée, son état s'aggrava à tel point qu'il dut atterrir à Nôles et s'y aliter. Se devinant frappé à mort, il manda Tibère et eut avec lui un long entretien secret.

Bientôt l'agonie commença. Auguste, qui avait conservé toute sa connaissance, demanda plusieurs fois si sa maladie était connue et si elle causait quelque bruit. Ensuite, il se fit apporter un miroir, se farda le visage, se peigna la chevelure, et ordonna à ses amis de venir auprès de lui. Quand ils parurent, il se redressa dans un suprême effort, et les regardant en souriant : « Comment trouvez-vous, s'écria-t-il, que j'ai joué la comédie de l'existence? » Puis il ajouta en grec : « Ne craignez pas d'applaudir, si ma pièce vous a divertis. » Quelques instants plus tard, il expira, sans douleur apparente, en disant à sa femme Livie qui le tenait embrassé : « Adieu, Livie. Souviens-toi de notre union. Adieu. »

Le corps d'Auguste fut transporté de Noles à Bovilles par les décurions des municipes et des provinces. Au sortir de Bovilles, les chevaliers le prirent et l'escortèrent jusqu'à Rome.

Le Sénat avait longuement délibéré sur les funérailles qu'il convenait d'organiser en l'honneur du glorieux défunt. Certains membres de l'assemblée, pleins de zèle et d'enthousiasme, voulaient que le convoi défilât sous la porte triomphale, précédé de la statue de la Victoire, et que les fils et les filles des premiers citoyens le suivissent en chantant des hymnes funèbres. D'autres proposaient de faire recueillir les cendres du monarque par les prêtres des collèges supérieurs. Finalement, on adopta un projet plus simple et plus naturel.

L'oraison funèbre d'Auguste fut prononcée par Tibère devant le temple de César, et par son fils Drusus à l'ancienne tribune aux harangues. Les sénateurs placèrent ensuite le cercueil sur leurs épaules et le transportèrent au champ de Mars, où s'élevait un immense bûcher. Lorsque le corps eut été brûlé, avec le cérémonial habituel, les plus nobles Romains de l'ordre équestre, vinrent, couverts d'une simple-tunique, sans ceinture, pieds nus, en ramasser les cendres, et les déposèrent dans un mausolée que, du vivant de l'empereur et par son ordre, on avait construit entre le Tibre et la voie Flaminienne.

(D'après SUÉTONE).

XVII

L'assassinat d'Agrippine.

Agrippine, fille de Germanicus, épousa, étant déjà veuve, l'empereur Claude. Adroite et ambitieuse, elle ne tarda pas à dominer ce prince, sans intelligence ni énergie, et gouverna en son nom. Afin de conserver le pouvoir, elle détacha l'empereur de Britannicus, son fils à lui, pour lui faire adopter Néron, son fils à elle, et à la mort de Claude, qu'elle empoisonna de peur qu'un changement ne se produisît dans ses résolutions, elle fit couronner Néron à la place de Britannicus (54). Agrippine comptait conserver sous son fils l'autorité qu'elle avait eue du vivant de son mari, mais Néron manifesta bientôt des velléités d'indépendance. Irritée, l'altière impératrice ne craignit pas d'élever la voix et de proférer des menaces. Néron, qui entrait dans l'ère de ses déportements et de ses crimes, l'éloigna d'abord, puis la fit assassiner (59).

Lorsque Néron eut pris la résolution de faire périr sa mère, il hésita longtemps sur le genre d'assassinat qu'il choisirait. Le poison lui aurait plu, mais il réfléchit que s'il le donnait à sa table, on ne pourrait mettre la mort sur le compte du hasard, Britannicus ayant déjà succombé de la même façon; d'un autre côté, l'impératrice, que ses propres forfaits avaient rendue défiante, s'entourait de serviteurs à l'abri de la corruption et avait, en outre, l'habitude d'user continuellement d'antidotes. Avoir recours à un vulgaire meurtre par le fer était également hasardeux, d'abord parce qu'il n'était pas sûr que l'on trouvât un homme disposé à commettre une

action aussi monstrueuse et ensuite parce que le crime
serait difficile à cacher.

Un des familiers de Néron, le préfet de la flotte de
Misène Anicétus, qui était depuis longtemps un ennemi
acharné d'Agrippine, s'efforça d'aider l'empereur dans
ses recherches et lui apporta bientôt un plan de son
invention. Il s'agissait de construire un bateau pouvant
s'ouvrir brusquement à l'aide d'un mécanisme, d'y embarquer l'impératrice, et de la noyer en pleine mer.
« Agrippine disparaissant dans un naufrage, dit Anicétus à Néron, qui osera dire que les vents et les flots
ne sont pas les seuls coupables ? D'ailleurs, pour donner
complètement le change, il sera facile d'élever à la
princesse morte un temple, des autels, en un mot de lui
prodiguer les témoignages d'affection et de regret. »

L'empereur goûta fort le projet, et il décida de le
mettre à exécution pendant un séjour qu'il devait faire,
à l'occasion des fêtes de Minerve, dans le port de Baies,
résidence automnale de l'aristocratie romaine.

Pour attirer sa mère auprès de lui, une fois là, Néron
feignit de vouloir se prêter à une réconciliation. Il dit
à plusieurs reprises en public, de façon que le propos
fût retenu et répété, qu'il fallait subir les défauts de ses
parents et ne pas garder de ressentiments envers eux.
Agrippine, très désireuse de reconquérir sa puissance
en retrouvant les bonnes grâces de son fils, se laissa
prendre au piège et débarqua bientôt à Baies, venant
d'Antium. Néron alla à sa rencontre sur le rivage, l'embrassa, et la fit conduire, avec tous les honneurs dus à
son rang, à la villa de Baules, domaine impérial situé
entre le lac de Baies et le promontoire de Misène.

De Baules à Baies la distance était assez grande, et
c'était généralement par mer qu'on se rendait d'un

endroit à l'autre. Comme pour donner à l'impératrice une nouvelle marque de déférence, on lui retira la modeste galère dont elle se servait d'habitude, et on lui amena un vaisseau luxueux, qui n'était autre que celui agencé par Anicétus.

Dans le but de hâter le crime et de le faire exécuter de nuit, Néron invita sa mère à souper un soir avec lui. Avant ce souper, certains bruits révélateurs arrivèrent jusqu'à Agrippine; elle n'y ajouta que peu de foi, mais se fit néanmoins, par précaution, porter à Baies en litière.

Néron la reçut de la manière la plus affable et se montra plein d'égards pour elle. A table, il lui assigna la place d'honneur, ne cessa de lui parler avec gaîté et abandon, et la retint bien avant dans la nuit. Quand elle fut décidée à se retirer, il la reconduisit, et au moment de la quitter, la pressa tendrement contre sa poitrine. Peut-être ce dernier enlacement ne marquait-il chez le féroce empereur que la préoccupation de jouer jusqu'au bout son rôle de fourberie, peut-être aussi, malgré la dureté de son cœur, s'était-il attendri un instant à la pensée du drame qui se préparait.

Complètement rassurée par l'attitude de son fils, Agrippine n'hésita pas, cette fois, à monter sur le vaisseau qui l'attendait. On se mit en route. La nuit était splendide, les astres brillaient de tout leur éclat dans un ciel sans nuage, les flots tranquilles berçaient doucement l'embarcation. Allongée sur un lit, Agrippine causait avec les deux seules personnes de sa suite qui l'eussent accompagnée, Crépéreius Gallus et Acéronia. Cette dernière, couchée aux pieds de sa maîtresse, rappelait en termes émus les événements de cette heureuse journée : la joie qu'avait témoignée Néron en se retrouvant auprès de sa mère, son repentir, ses bonnes paroles.

Soudain, le plafond qui dominait le lit d'Agrippine et qu'on avait à dessein chargé de plomb, s'effondre avec fracas. Crépéreius Gallus est écrasé ; Agrippine et Acéronia échappent miraculeusement, préservées par les montants du lit. Au même moment, les sicaires d'Anicétus essaient d'entr'ouvrir le navire ; mais, gênés par les matelots qui ne sont pas du complot, ils ne peuvent y parvenir. Tous se précipitent alors sur un des côtés du bateau et y pèsent pour le faire chavirer. Acéronia, affolée, court à eux, et dans l'espoir d'être plus sûrement sauvée, crie qu'elle est la mère de l'empereur. On l'assomme aussitôt à coups de rames et de crocs. Pendant ce temps, le vaisseau, gagné par les eaux, s'enfonce lentement, entraînant Agrippine.

Dans ce péril extrême, la courageuse souveraine ne perdit pas son sang-froid ; elle se jeta à la nage, et ayant été assez heureuse pour rencontrer quelques barques, fut recueillie par elles et ramenée à la villa de Baules.

En pensant à son singulier naufrage, Agrippine devina facilement qu'elle avait été victime d'un attentat. La disparition du navire non loin du rivage par un temps absolument calme, la chute du toit, le meurtre d'Acéronia, tout lui en donnait la preuve. Elle reconstitua alors, dans ses moindres détails, l'infâme comédie que l'on avait jouée en l'attirant à Baies, et jura d'être désormais sur ses gardes.

Tant qu'elle se trouvait encore au pouvoir de son fils, une des premières conditions pour éviter le danger était de ne pas montrer ses soupçons. Elle envoya donc, comme si elle ne se doutait de rien, un de ses affranchis, Agérinus, raconter le naufrage à Néron et l'informer qu'elle avait été heureusement préservée.

L'empereur connaissait déjà l'insuccès du complot,

VUE DE NAPLES

et il en éprouvait à-la-fois de l'irritation et de la crainte. « Ma mère, se disait-il, va vouloir se venger. Elle armera ses esclaves et soulèvera les troupes. Qui sait, même, si elle n'invoquera pas la protection du peuple et du Sénat ? » Incertain sur le parti qu'il convenait de prendre, il appela Sénèque et Burrhus et leur demanda conseil. Les deux ministres gardèrent longtemps le silence, ne sachant quel avis donner pour satisfaire leur maître et pensant peut-être comme lui que les ressentiments d'Agrippine étaient à redouter. Enfin, Sénèque se décida à parler et, feignant de consulter Burrhus, insinua que l'on pourrait charger quelques soldats de la garde prétorienne de s'emparer de l'impératrice et de la mettre à mort. Burrhus n'approuva point l'idée : « Les prétoriens, dit-il, sont trop dévoués à la maison des Césars et trop respectueux de la mémoire de Germanicus pour accepter une pareille mission. S'il faut en venir là, qu'on emploie Anicétus ; il doit bien, en somme, achever ce qu'il a commencé. » Mandé aussitôt, le préfet de la flotte promit d'exécuter le meurtre. « Si tu fais cela, s'écria Néron hors de joie, je te devrai l'empire et m'en souviendrai. Choisis les hommes qu'il te faut et hâte-toi. »

Avant d'agir, Anicétus chercha un moyen de dissimuler son crime ou, tout au moins, de l'excuser. Justement, Agérinus survint, apportant le message d'Agrippine. Anicétus accompagna l'affranchi quand on le conduisit devant l'empereur. Pendant qu'Agérinus discourait, il lui laissa tomber adroitement une épée aux pieds, et ordonna de l'arrêter, sous prétexte que l'arme, introduite par lui, était destinée à frapper le souverain. La mort d'Agrippine pouvait dès lors être expliquée : l'infâme créature avait envoyé un assassin contre son fils, et elle s'était tuée en sachant l'attentat découvert.

Anicétus réunit quelques guerriers, scélérats sans scrupules, et partit pour Baules. Aux abords du domaine, une grande foule était assemblée : on avait appris l'accident arrivé à l'impératrice, et des campagnes voisines, on accourait aux nouvelles. Anicétus éloigna tout le monde et envahit la maison en en brisant la porte.

Agrippine était dans sa chambre. Au bruit causé par l'irruption des assassins, elle se mit à trembler et appela ses esclaves. Mais ceux-ci étaient déjà prisonniers ou en fuite. Dans la chambre d'Agrippine, il n'y avait qu'une suivante ; cette femme se leva à son tour et s'éloigna : « Toi aussi, tu m'abandonnes ! » s'écria la princesse avec désespoir. A ce moment la porte s'ouvrit, et Anicétus parut sur le seuil, escorté de deux de ses hommes, Herculéius, commandant de galère, et Oloaritus, centurion de marine. Agrippine comprit tout. En cette minute suprême, elle ressaisit son courage, et s'adressant fièrement au triste serviteur de Néron : « Que veux-tu ? lui dit-elle. T'informer de l'état de ma santé ? Annonce donc à ceux qui t'envoient que je suis bien portante. Te préparerais-tu à commettre un crime ? Dans ce cas, j'affirme hautement que tu obéis à ta seule haine, car mon fils n'a pu ordonner un parricide. »

Tandis qu'elle parlait, les trois hommes s'étaient approchés du lit où elle était étendue. Herculéius leva un bâton qu'il tenait à la main et la frappa à la tête ; en même temps, Oloaritus tirait son épée. Agrippine se tourna brusquement vers lui, et offrant le ventre : « Frappe ici ! » s'écria-t-elle. Quelques instants après, elle expirait, percée de plusieurs coups.

(D'après TACITE).

XVIII

Les derniers moments de Sénèque.

Lucius Annœus Sénèque, dit Sénèque le Philosophe, fonda à Rome une école de philosophie qui fut très fréquentée. Il y enseignait une morale saine, généreuse, et surtout des plus austères ; il prêchait, entre autres choses, le mépris absolu de la mort. Appelé par Agrippine à élever Néron, il resta auprès de ce dernier comme ministre, et fit de louables efforts pour l'arrêter sur la pente de ses exactions et de ses crimes. On l'accuse, pourtant, d'avoir été, en maintes circonstances, un peu trop complaisant pour son féroce souverain. Sur les dernières années de sa vie, il s'éloigna de la cour et fut compromis dans une conspiration formée contre l'empereur par Calpurnius Pison. Néron lui envoya l'ordre de se tuer. Sénèque obéit et, fidèle aux maximes dont il était l'auteur, affronta la mort avec un courage stoïque (65).

Lorsque Sénèque sut qu'il lui fallait quitter la vie, il ne témoigna aucune émotion. Au centurion qui lui avait transmis son arrêt de mort, il demanda s'il pouvait se faire apporter son testament ; l'autorisation lui ayant été refusée, il se tourna vers les amis qui l'entouraient et leur dit : « Puisqu'on me met dans l'impossibilité de reconnaître vos services, je vous lègue la seule chose que je possède et qui n'est pas la moins précieuse : l'image de ma vie. » A ces paroles, la plupart des assistants fondirent en larmes. Alors, d'un ton à la fois affectueux et sévère, le philosophe ajouta : « Pourquoi pleurer ? Avez-vous donc oublié les préceptes de la sagesse ? Formés à mes leçons, ignorez-vous les incertitudes de l'avenir ou ne savez-vous pas les envisager courageusement ? Serait-ce la cruauté de Néron qui vous étonne ? Il est naturel, cependant, que cet homme, assassin de son père et de sa mère, frappe également son précepteur. »

Ayant ainsi parlé, Sénèque s'approcha de sa femme Pauline et l'enveloppa de ses bras. Au contact de cette épouse bien-aimée, il ne put s'empêcher de s'attendrir un instant ; mais bientôt, reprenant son énergie, il la conjura de modérer sa douleur : « Ne vous affligez pas outre mesure, lui dit-il. Cherchez, au contraire, dans le souvenir de mes vertus une consolation digne de vous. »

Pauline répondit en pleurant qu'il était trop dur pour elle de perdre son époux et qu'elle était décidée à mourir avec lui. Sénèque fut profondément touché, et comme il lui en coûtait d'abandonner sa femme seule dans la vie, il n'eut pas la force de combattre cette généreuse résolution. « Je vous avais indiqué les moyens de supporter l'existence, s'écria-t-il ; vous préférez une mort glorieuse, que vos désirs s'accomplissent ! Nous nous tuerons ensemble vaillamment, et si notre action nous procure quelque gloire, la plus large part vous appartiendra. »

Tous deux se firent sur-le-champ ouvrir les veines des bras. Le sang de Pauline coula abondamment, mais chez Sénèque, déjà vieux et affaibli par la maladie, il jaillit à peine. Le courageux vieillard ordonna alors qu'on lui fendît les veines des jambes et des jarrets. L'hémorragie fut un peu plus forte, mais les douleurs du malheureux devinrent atroces.

Sénèque, craignant que Pauline ne se désespérât en le voyant souffrir de la sorte et se demandant s'il pourrait lui-même ne pas faiblir en présence de son épouse expirante, pria celle-ci de passer dans une autre chambre.

Pauline obéit, et Sénèque, resté seul, tâcha de ne rien laisser paraître de ses tourments. Appelant ses secrétaires, il leur dicta, avec une lucidité d'esprit étonnante, ses dernières pensées.

La mort, cependant, tardait à venir. Sénèque, à bout de forces, supplia un de ses plus dévoués amis, le médecin Statius Annæus, de lui donner du poison. Ce moyen ne réussit pas encore. Le mourant se fit alors plonger dans un bain brûlant pour que la vapeur le suffoquât. En entrant dans ce bain, il eut le courage de lever les mains et de répandre de l'eau sur ceux qui étaient à ses côtés en disant : « Voilà une libation que j'offre à Jupiter libérateur. » Quelques minutes après, il rendait enfin le dernier soupir.

Pauline, elle, ne périt pas. Sur l'ordre de Néron, qui jugeait qu'un double suicide ferait paraître sa cruauté trop odieuse, on pansa ses blessures et elle se rétablit. La médisance affirma que, si elle s'était montrée prête à suivre son mari dans la tombe lorsqu'elle redoutait la colère de l'empereur, elle accepta avec joie l'acte de clémence qui l'arrachait au trépas. En tous cas, si elle consentit à vivre, elle témoigna toujours un profond attachement à la mémoire de son illustre époux.

(D'après TACITE).

XIX

La mort de Néron.

Après avoir, pendant de longues années, épouvanté Rome de ses excentricités et de ses crimes, l'empereur Néron vit un terrible soulèvement éclater contre lui. L'étendard de la révolte fut arboré en Gaule par le général Julius Vindex, qui donna la couronne à Sergius Galba, gouverneur de l'Espagne Tarraconaise. Une armée envoyée contre le chef séditieux le battit et le tua; mais Galba n'en marcha pas moins sur Rome et fut proclamé empereur par les prétoriens. Néron, abandonné de tous, dut quitter son palais et se réfugier dans la maison de campagne d'un de ses affranchis. Sur le point d'être pris, il se tua avec l'aide de son secrétaire Epaphrodite. (68).

La quatorzième année du règne de Néron, Rome, lasse des débauches et des cruautés de ce monstre, apprit avec joie que l'armée de Gaule avait reconnu pour empereur le proconsul d'Espagne, Sergius Galba, et que la révolte s'étendait peu à peu à toutes les troupes de l'empire. Aussitôt, une foule tumultueuse envahit les rues, et les légions de la cité se soulevèrent à leur tour.

Néron reçut le soir, pendant qu'il était à table, la nouvelle de cette sédition générale. Il se dressa plein de fureur, renversa le couvert, brisa sur le sol deux vases splendides dont il avait coutume de se servir;

Le temps de Néron. — Ruines d'un Amphithéâtre

puis, ayant mandé la fameuse Locuste, il se fit remettre par elle un poison violent qu'il serra dans une boîte d'or, et gagna les jardins du palais.

Là, étaient réunis de nombreux gens de sa suite. L'empereur appela quelques affranchis dévoués et leur ordonna d'aller dans le port d'Ostie faire équiper une flotte. Se tournant ensuite vers les autres assistants, pour la plupart tribuns ou centurions du prétoire, il leur annonça son intention de prendre la fuite et les invita à l'accompagner. Mais ces courtisans de la veille n'entendaient pas lier leur sort à celui du maître tombé : les plus scrupuleux répondirent évasivement, les autres déclarèrent nettement ne pas vouloir quiter Rome.

Néron regarda avec fureur ces serviteurs déloyaux, mais n'osa leur adresser aucun reproche, et seul à l'écart, il se mit à examiner les chances de salut qui lui restaient. Ainsi délaissé, pouvait-il encore atteindre Ostie et s'y embarquer ? Ne valait-il pas mieux se soumettre à Galba en implorant sa clémence et celle du peuple ? Il réfléchit longtemps ; puis, comme il était déjà tard, il résolut de ne prendre aucune décision avant le lendemain.

Retiré dans sa chambre, il se coucha, mais ne put dormir. Vers le milieu de la nuit, il remarqua avec épouvante que les soldats de service au palais avaient fui. Il se leva aussitôt et envoya un esclave appeler ses amis. Aucun d'eux ne paraissant, il sortit pour les rejoindre lui-même. A cette heure, toutes les maisons étaient closes ; vainement il frappa à plusieurs portes, nulle part on ne lui répondit. De guerre lasse, il revint dans son appartement, et le trouva pillé par ses gardes particuliers, qui avaient, eux aussi, abandonné leur poste. Fou de terreur et de désespoir, il chercha, dans l'intention de se donner la mort, la boîte d'or où était enfermé le poison de Locuste; mais, comme les autres objets précieux, cette boîte avait disparu. Alors, perdant toute raison, il s'écria qu'un guerrier, qu'un gladiateur, qu'un assassin quelconque devrait venir lui passer son glaive à travers le corps. Et personne ne se présentant : « Grands dieux, gémit-il, je n'ai donc plus ni amis, ni ennemis ! »

En achevant ces mots, le malheureux se précipita au dehors et courut éperdument vers le Tibre. On croyait qu'il allait se jeter dans le fleuve. Mais arrivé au bord de l'eau, il s'arrêta, et reprenant un peu de calme, demanda aux serviteurs qui l'avaient suivi s'ils ne connaissaient pas quelque asile caché où il pût se réfugier.

Un affranchi, appelé Phaon, lui proposa sa maison de campagne — sa villa, pour employer l'expression d'alors — située à quatre milles de Rome, entre la voie Salaria et la voie Nomentana. Néron voulut s'y rendre sur-le-champ. Phaon chargea deux ou trois esclaves de se munir de chevaux dans les écuries du palais, et on se mit en route.

La nuit était obscure. Le tonnerre grondait et les éclairs déchiraient la nue. Du camp voisin, montaient de sourdes rumeurs : c'étaient les cohortes urbaines qui acclamaient Galba et injuriaient le tyran déchu. Néron, tout frémissant, s'éloignait rapidement. Comme, en sautant du lit sous le coup de la frayeur, il avait à peine pris le temps de s'habiller, il se trouvait pieds nus, avait la tête couverte d'un simple voile, et le corps d'une légère tunique et d'un manteau usé. Quatre hommes seulement lui faisaient escorte : l'affranchi Phaon, le secrétaire impérial Epaphrodite, et deux autres fidèles, dont l'un avait nom Sporus.

Sur leur chemin, les fugitifs croisèrent quelques passants. En les apercevant, l'un de ces passants s'écria : « Voilà des gens qui poursuivent l'empereur! » Un autre demanda : « A Rome, cause-t-on beaucoup à son sujet? » Un peu plus loin, le cheval du prince, effrayé par l'odeur d'un cadavre abandonné sur la route, fit un violent écart. Dans ce mouvement, le voile que Néron utilisait pour masquer son visage se souleva brusquement, et un ancien garde prétorien, qui était là, reconnut son souverain. Par bonheur, cet homme se contenta de saluer sans prononcer un mot.

La villa de Phaon n'était desservie que par un sentier bordé de taillis et de buissons. Pour suivre ce sentier, les cavaliers durent abandonner leurs montures. Néron, sans souliers, marchait péniblement, et il arriva au terme du voyage les pieds ensanglantés. Phaon, qui ne voulait point éveiller l'attention des habitants du domaine, conduisit l'empereur devant une carrière que l'on avait creusée jadis pour extraire du sable, et le pria de s'y cacher. Mais Néron recula en frissonnant : « Non, non, s'écria-t-il. Pas sous cette terre. Je croirais être enseveli vivant. » L'affranchi rejoignit alors ses compagnons et chercha avec eux un moyen de s'introduire secrètement dans la maison. L'empereur, incapable d'aider en quoi que ce fût ses dévoués sauveurs, tant la lassitude et le chagrin l'accablaient, se mit à errer aux alentours. Trouvant une mare sur son passage, il puisa de l'eau dans le creux de sa main et la but avidement. Puis, tombant tristement assis : « Voilà donc, murmura-t-il, quels sont aujourd'hui les rafraîchissements de Néron. »

Bientôt ses serviteurs l'appelèrent. Ils avaient pratiqué une étroite ouverture dans un des murs de la villa, et, en se traînant sur les mains, ils pénétrèrent avec leur maître à l'intérieur de l'habitation. Une chambre était ouverte, où il y avait un lit garni d'un mauvais matelas et d'un vieux manteau en guise de couverture. Ils y entrèrent et invitèrent l'empereur à se reposer. Néron se coucha; puis, comme la faim le tourmentait, il réclama quelques aliments. On ne put lui offrir qu'un morceau de pain grossier. Il refusa de le manger, et but seulement un peu d'eau tiède.

Cependant le jour approchait. Néron commença à se préoccuper du sort qui l'attendait. Les quatre fidèles, persuadés qu'il ne tarderait pas à être découvert, lui conseillèrent de fuir sa disgrâce par la mort. Il eut l'air de se résigner, et ordonna de creuser tout d'abord une fosse à sa taille, ensuite de couper du bois et de puiser de l'eau pour rendre les devoirs habituels à son cadavre. Tandis que ces préparatifs s'accomplissaient, il ne cessa de gémir et de verser des larmes. « Dieux, dieux, répétait-il à chaque minute, quel grand artiste va périr ! »

Tout à coup Phaon arriva, tenant un billet qu'il remit à l'empereur. Ce billet, apporté en toute hâte par un esclave de l'affranchi, annonçait que le Sénat avait proclamé Néron ennemi public et le faisait rechercher pour lui infliger le châtiment en usage chez les anciens. Le prince demanda en tremblant quel était ce châtiment. On lui répondit que le condamné, dépouillé de ses vêtements, avait le cou passé dans une fourche, et qu'on le fouettait de verges jusqu'à la mort.

Épouvanté, il tira deux poignards qu'il avait sur lui et en essaya la pointe. Mais au moment de se frapper, le cœur lui manqua, et il remit les armes dans leur gaîne en déclarant que son heure suprême n'avait pas encore sonné. Peu après, ressaisi de ses terreurs, il engagea ses compagnons à pleurer son trépas, puis demanda que l'un d'eux lui servit d'exemple en se tuant. Il finit même par s'accuser de lâcheté : « Une telle conduite n'est pas digne de Néron, criait-il. Il faut avoir du courage dans de pareils moments. Allons, réveillons-nous ! »

Un bruit de chevaux, venant du dehors, le fit tressaillir. « J'entends le galop des coursiers, » prononça-t-il en grec. Et de nouveau, il sortit son poignard. Comme il se posait craintivement le fer sur la gorge, Epaphrodite lui prit la main et l'obligea à se porter le coup fatal.

L'empereur agonisait, lorsque les soldats lancés à sa poursuite envahirent la chambre. Un centurion examina sa blessure et essaya d'en arrêter le sang avec son manteau. Néron tourna les yeux, et apercevant cet homme qui le secourait : « Trop tard, murmura-t-il. Voilà donc la fidélité ! » Ce furent ses dernières paroles.

(D'après SUÉTONE*)*.

XX

L'assassinat de Domitien.

Après la mort de Néron, l'empire romain fut en proie à l'anarchie. De nombreux compétiteurs se disputèrent le pouvoir, et la plupart, ayant exaspéré le peuple par leur odieuse conduite, finirent tragiquement leurs jours. L'un d'eux, cependant, le général Flavius Vespasien, gouverna avec sagesse, et son fils Titus, appelé à lui succéder, imita son exemple. Mais le frère de Titus, Domitien, à qui le trône revint ensuite, fut un prince cruel et tyrannique, « un Néron chauve », dit Juvénal. La quinzième année de son règne, ce souverain détesté mourut, assassiné par les personnes de son entourage. (96).

Domitien, que ses crimes sans nom avaient fait redouter et haïr de tous, périt, au bout de quinze ans de règne, victime d'une conjuration organisée par ses amis les plus intimes, ses affranchis personnels et sa femme Domitia.

Dans sa jeunesse, des devins de Chaldée lui avaient, paraît-il, annoncé l'année, le jour, l'heure même et le genre de sa mort. Aussi, tourmenté de noirs pressentiments, se tenait-il sans cesse sur le qui-vive. Un jour, son père remarqua qu'il ne mangeait jamais de champignons, et lui dit, en riant de ses craintes, que s'il devait disparaître avant l'âge, ce serait le fer et non le poison qui abrégerait son existence. On raconte égale-

Le Colisée (commencé par Vespasien et achevé par Titus)

ment qu'un libelle, où il était question de son trépas, ayant circulé parmi le peuple au lendemain de la proclamation d'un décret sur les vignes, il interdit d'appliquer ce décret. Les mêmes inquiétudes l'empêchèrent, quoiqu'il aimât beaucoup la pompe et les honneurs, d'approuver une délibération du Sénat ordonnant aux chevaliers de l'escorter dans ses sorties, parce qu'en tenue de gala, les chevaliers étaient armés d'une lance.

Lorsque approcha l'époque marquée par les prédictions comme celle de sa fin, il redoubla de précautions. Sur son ordre, les murs des portiques où il avait l'habitude de se promener furent garnis d'une pierre spéciale qui réfléchissait les objets et, par suite, permettait de voir derrière soi. On n'introduisit plus devant lui les prisonniers qu'il avait à interroger qu'un à un, et il leur parlait en les tenant lui-même enchaînés. Pour effrayer ses serviteurs et leur montrer qu'il ne fallait, sous aucun prétexte, attenter aux jours de ses souverains, il condamna à mort le secrétaire Epaphrodite, qui avait, jadis, aidé Néron à se poignarder. Plus tard, croyant deviner que son cousin Flavius Clemens, dont il avait reconnu les fils pour ses successeurs, lui voulait du mal, il le fit périr, sans même s'assurer du bien fondé de ses soupçons.

Cependant, autour de lui, les présages sinistres se multipliaient. Au cours d'un orage, l'inscription qui ornait le piédestal de sa statue, fut arrachée et jetée dans un sépulcre voisin. Un arbre déraciné qui, lors de l'avènement au trône de sa famille, s'était brusquement relevé, s'abattit de nouveau. La foudre tomba sur le Capitole, sur le temple de Flavius, sur le palais et jusque dans la chambre à coucher impériale. L'oracle de Préneste, qu'il consultait tous les ans et qui, jusqu'alors, avait entrevu l'avenir sous un jour favorable, fut, cette fois, moins rassurant. Une nuit, il rêva que Minerve, sa déesse préférée, ne pouvait plus le protéger parce qu'elle avait été désarmée par Jupiter, et qu'elle quittait le sanctuaire où il avait coutume d'aller l'adorer.

Enfin, un dernier événement acheva d'épouvanter l'infortuné souverain. Apprenant que l'astrologue Asclétarion lui prédisait les destinées les plus effrayantes, il le fit appeler, et après lui avoir reproché de discourir sur le sort de chacun, le somma d'annoncer ce qu'il deviendrait lui-même. « Rien de plus facile, s'écria Asclétarion. Bientôt des chiens me dévoreront. » Pour empêcher la prophétie de se réaliser, Domitien ordonna d'égorger le malheureux sur-le-champ et d'ensevelir ses restes avec le plus grand soin. Mais tandis que, conformément à l'usage, on réduisait en cendres la dépouille mortelle du devin, un orage renversa le bûcher, et des chiens, qui se trouvaient là, mirent en lambeaux le cadavre à demi brûlé.

Dès ce moment, les appréhensions de l'empereur furent extrêmes. La veille de sa mort, il ne se sentit pas, durant son repas, suffisamment d'appétit pour manger des truffes qu'on lui présentait. « Remportez-les, dit-il. J'y goûterai demain. » Et se reprenant aussitôt : « A condition, ajouta-t-il, que je vive jusque-là. » Puis, tourné vers les autres convives, il laissa échapper ces paroles mystérieuses et lugubres : « Demain, le sang inondera le verseau de la lune, et il se produira un événement dont tous les peuples s'entretiendront. » Au milieu de la nuit, il fut pris d'un tel accès de frayeur, qu'il sauta hors de son lit. Quand le jour parut, il manda un devin réputé, originaire de Germanie, et l'interrogea. Le devin ayant annoncé une révolution prochaine, il l'envoya au supplice.

Quelques instants plus tard, il écorcha en se grattant une verrue qu'il avait au front et un peu de sang coula sur son visage. Tout ému, il s'écria : « Voilà du mal ! Mais plût au ciel que je n'en éprouvasse pas de plus sérieux ! » Il voulut ensuite connaître l'heure. La cinquième, qui, au dire des prédictions, devait lui être fatale, approchait ; pour calmer ses frayeurs, on lui dit que c'était la sixième. Il crut alors tout péril écarté et abandonna sa couche.

Sur ces entrefaites, le garde de la chambre, Parthénius, vint l'avertir qu'un de ses familiers demandait à lui parler en secret. Domitien renvoya toutes les personnes qui se trouvaient auprès de lui et donna l'ordre d'introduire le visiteur.

Celui-ci n'était autre qu'un émissaire des conjurés, appelé Stéphanus. Cet homme, qui exerçait au palais la charge d'intendant de l'impératrice, s'était chargé de frapper l'empereur. Depuis quelque temps, il portait le bras gauche en écharpe, et ce jour-là, il avait caché un poignard sous ses bandages. En entrant, il remit une lettre à Domitien. Pendant que le prince lisait avec épouvante cet écrit, qui dévoilait un complot imaginaire, il s'avança de son côté, et sortant brusquement son arme, la lui plongea dans le bas-ventre.

Alors — c'est du moins ce que raconta un jeune esclave préposé au culte des dieux Lares qui était resté dans la chambre — se passa une scène tragique. L'empereur, malgré l'affreuse blessure qu'il avait reçue, saisit son meurtrier à la gorge et entama avec lui une lutte corps à corps. Stéphanus tomba, terrassé, et Domitien, l'écrasant de son poids, se mit en devoir de lui crever les yeux.

A ce moment, une troupe de gladiateurs apparut, conduite par le décurion des gardes de la chambre, Saturius, par l'affranchi Maximus, et par le chef militaire Clodianus. Ces nouveaux arrivants s'emparèrent du tyran et le tuèrent de sept coups de poignard.

Le peuple apprit avec indifférence la mort de Domitien; mais les soldats, dont il avait flatté les passions, témoignèrent une grande fureur. Ils réclamèrent le châtiment des assassins et finirent par l'obtenir. Cependant le Sénat, assemblé, flétrit la mémoire du cruel souverain, et décida que ses écussons et ses portraits seraient brisés sur le sol.

(D'après SUÉTONE).

TABLE DES MATIÈRES

— Lille. Typ. A. Taffin-Lefort. —

9 782019 940829